3. Weltkonferenz über Erwachsenenbildung

3. Weltkonferenz über Erwachsenenbildung

Schlußbericht der von der UNESCO vom 25. Juli bis 7. August 1972 in Tokio veranstalteten internationalen Konferenz

Verlag Dokumentation, Pullach/München

UNESCO-Konferenzbericht Nr. 1
Herausgegeben von den UNESCO-Kommissionen der Bundesrepublik Deutschland,
Österreichs und der Schweiz
in Zusammenarbeit mit dem Deutschen Volkshochschul-Verband und mit Unterstützung des Bundesministeriums für Bildung und Wissenschaft, Bonn

Redaktion: Dr. Hans-Wolf Rissom

Titel der Originalausgabe: Third International Conference on Adult Education,
Tokyo, 25 July — 7 August 1972, Final Report; UNESCO-Doc. ED/MD/25,
Paris, 26 October 1972

© 1973 der deutschen Ausgabe by Deutsche UNESCO-Kommission, Köln
Verlag Dokumentation Saur KG, Pullach bei München
Gesamtherstellung: Verlagsdruckerei E. Rieder, Schrobenhausen
Printed in West Germany
ISBN 3-7940-5301-X

Vorwort

Die von der UNESCO einberufenen internationalen Konferenzen, Seminare oder Expertengespräche werden nach einem Klassifikationsschema in die Kategorien I bis VIII eingeteilt. Als „Intergovernmental Conference" der Kategorie II gehört die 3. Weltkonferenz über Erwachsenenbildung in Tokio zu den hochrangigen Konferenzen, d. h. die Mitgliedstaaten entsenden offizielle Delegationen, deren Mitglieder nicht als Privatpersonen, sondern im Auftrag ihrer Regierung teilnehmen. Die Konferenzen enden mit der Verabschiedung eines offiziellen Berichtes und der Annahme von Resolutionen, die an die UNESCO und an die Mitgliedstaaten gerichtet werden.
Der Wert dieser Veranstaltungen wird oft bestritten. Man wirft ihnen vor, wegen des Bemühens um Konsens in Allgemeinheiten und Unverbindlichkeit zu verharren. Die Interessen der Teilnehmer seien zu unterschiedlich, die Abstände zwischen den Konferenzen außerdem zu groß, als daß ein lebendiger Erfahrungsaustausch stattfinden könne. Ein offener Dialog werde neben der starren Konferenzordnung oft dadurch behindert, daß etliche Delegationen in verständlicher Wahrnehmung ihrer Landesinteressen deklamatorische Selbstdarstellung sachdienlichen Diskussionsbeiträgen vorziehen.
Trotz dieser Einschränkungen kann jedoch der positive Gewinn solcher Konferenzen nicht hoch genug eingeschätzt werden. Er liegt zunächst in der Existenz der Einrichtung selbst. Bisher besteht keine andere Möglichkeit, den Weltentwicklungsstand auf einem bestimmten Gebiet festzustellen sowie die Tendenzen und möglichen Strategien für die Zukunft zu diskutieren. Der Konferenzbericht und die Empfehlungen erlauben außerdem nicht nur der UNESCO, sondern auch den Mitgliedstaaten, ihre eigene Politik an den festgestellten globalen Trends zu orientieren bzw. sich davon abzusetzen. Statistiken und schriftliche Analysen können den lebendigen Kontakt der Delegationen nicht ersetzen.
Die Konferenzen sind jedoch nicht Selbstzweck. Wichtiger noch als die Beratungen und Beschlüsse am Konferenzort sind die Maßnahmen, die die Konferenz im Zuge der Vorbereitung und des follow-up in den einzelnen Mitgliedsländern auslöst. In vielen Ländern wurden Reformen und langfristige Lernprozesse in Gang gesetzt, die ohne einen Anstoß bzw. eine Ver-

stärkung von außen nicht in diesem Maße vorangekommen wären. Die 2. Erwachsenenbildungskonferenz von Montreal im Jahre 1962 hat z. B. durch die Propagierung des Konzepts der »life-long education« die Diskussion über das Thema Weiterbildung belebt und sowohl innerhalb der UNESCO und anderer internationaler Organisationen als auch in den Mitgliedsländern sichtbare Veränderungen nach sich gezogen.

In dieser Funktion sollte auch die Tokio-Konferenz und die vorliegende deutsche Ausgabe des Konferenzberichtes gesehen werden. In der Vergangenheit ist der Einfluß von UNESCO-Konferenzen auf die breitere Öffentlichkeit vielfach beschränkt gewesen, da die Sprachbarrieren eine breite Streuung der Ergebnisse behinderten. Die deutsche Sprache ist keine der offiziellen Amtssprachen. Die Österreichische, Schweizerische und die Deutsche UNESCO-Kommission haben daher beschlossen, in einer neuen Schriftenreihe die Schlußberichte der wichtigsten UNESCO-Konferenzen in deutscher Sprache herauszugeben. Die Kommissionen verbinden mit dieser Initiative die Hoffnung, daß neben der Information auch das Interesse an der Tätigkeit und den Perspektiven der Weltorganisation in stärkerem Maße geweckt wird.

Programm und Perspektiven der UNESCO werden heute weitgehend von den Problemen der Dritten Welt bestimmt. Das hat sich auch in Tokio erneut bestätigt. Die 1. Erwachsenenbildungskonferenz 1949 in Helsingör hatte noch vorwiegend abendländischen Charakter gehabt. In Montreal war zwar in der Teilnahme der Durchbruch zur Universalität gelungen, inhaltlich waren jedoch die Vorstellungen und Konzeptionen der sog. entwickelten Länder nach wie vor dominant. In Tokio dagegen standen die Bedürfnisse der Entwicklungsländer, der Kampf gegen den Analphabetismus und der Ruf nach internationaler Solidarität unabdingbar im Vordergrund.

Der Leser des Berichts muß sich auf diese Weltperspektive einstellen. Viele Themen und Empfehlungen sind auf europäische Verhältnisse nicht anwendbar und wirken spröde und fremd. Gerade in ihrer Andersartigkeit können sie indessen auf die eigene Diskussion durchaus befruchtend wirken und setzen hiesige Probleme in die richtige Relation.

Der vorliegende Bericht wurde in enger Zusammenarbeit mit dem Deutschen Volkshochschul-Verband hergestellt. Ihm sei an dieser Stelle für die Erarbeitung des deutschen Textes sowie für die fachliche Beratung gedankt.

Die Herausgeber

Inhalt

I. Hintergrund und Umfang der Konferenz 9
II. Allgemeiner Bericht 16
III. Zusammenfassung und wichtigste Schlußfolgerungen 31
IV. Berichte der Kommissionen 36
    A. Bericht der Kommission I 36
    B. Bericht der Kommission II 55
V. Empfehlungen 75
Anhang: Liste der Teilnehmer 105

I. Hintergrund und Umfang der Konferenz

Hintergrund

1. Die Dritte Internationale Konferenz über Erwachsenenbildung, die von der Organisation der Vereinten Nationen für Erziehung, Wissenschaft und Kultur organisiert wurde, fand in Tokio vom 25. Juli bis zum 7. August 1972 statt.

2. Die Konferenz wurde aufgrund des Beschlusses 1.31 der 16. Generalkonferenz der UNESCO einberufen. Sie hatte folgende Aufgaben:
a) die Tendenzen in der Erwachsenenbildung während der letzten 10 Jahre festzustellen;
b) die Funktionen der Erwachsenenbildung im Zusammenhang der lebenslangen Bildung zu untersuchen;
c) die Planungsstrategien im Bildungsbereich im Hinblick auf die Erwachsenenbildung zu überprüfen.

3. Von allen Mitgliedstaaten, assoziierten Mitgliedstaaten und eingeladenen Nichtmitgliedstaaten der UNESCO sandten 82 Mitgliedstaaten und 3 Nichtmitgliedstaaten Delegationen. An der Konferenz nahmen auch Vertreter von 4 weiteren Sonderorganisationen der Vereinten Nationen und Beobachter von 38 zwischen- und nichtstaatlichen Organisationen teil (Liste der Teilnehmer siehe Anhang).

Vorbereitung der Konferenz

4. Die gegenwärtige Konferenz war die dritte ihrer Art. Die erste internationale Konferenz über Erwachsenenbildung wurde in Helsingör/Dänemark im Jahre 1949 und die zweite in Montreal/Kanada im Jahre 1960 abgehalten.

5. Die zwei vorhergegangenen Konferenzen hatten eine bedeutende Rolle in der Beschleunigung der Entwicklung der Erwachsenenbildung in den Mitgliedstaaten gespielt. Die Konferenz von Helsingör im Jahre 1949, als sich die Welt noch von den Verwüstungen durch den 2. Weltkrieg erholte, dokumentierte die damaligen offiziellen und fachlichen Auffassungen über

die Ziele und die Anwendung der Erwachsenenbildung und regte in nie dagewesener Weise die internationale Zusammenarbeit während der 50er Jahre an. Die Konferenz von Montreal, die nach einer Dekade umwälzender sozialer, politischer Veränderungen in der ganzen Welt zusammentrat, legte die Fundamente für eine ständige Ausweitung der Erwachsenenbildung während der 60er Jahre und lieferte einen wesentlichen Beitrag zur Entstehung eines Systems hauptberuflicher Mitarbeiter.

6. Entsprechend dem Auftrag der 16. Generalkonferenz wurden die Mitgliedstaaten aufgefordert, zur Vorbereitung der Konferenz Arbeitsgruppen einzusetzen, Untersuchungen durchzuführen mit dem Ziel, Basisinformationen über den gegenwärtigen Stand und den Umfang der Erwachsenenbildung zu erhalten, ihre Meinung über die zukünftige Entwicklung darzulegen sowie Informationen über besonders erfolgreiche Formen der internationalen Zusammenarbeit bereitzustellen. Arbeitsgruppen wurden in 38 Mitgliedstaaten gebildet, von denen 28 dem Sekretariat detaillierte Berichte vorlegten.

7. Im Juni 1971 sandte das Sekretariat der UNESCO einen Fragebogen an alle Mitgliedstaaten und assoziierten Mitgliedstaaten, in welchem es um Informationen über die wichtigsten Aspekte der Erwachsenenbildung, über ihr Angebot, ihre praktischen Erfahrungen sowie über die Beziehungen zu den nationalen Bildungssystemen und zu den übrigen sozio-kulturellen, wirtschaftlichen und politischen Zielsetzungen des Landes bat. Das Sekretariat erhielt Antworten von 88 Mitglied- und assoziierten Mitgliedstaaten. Einige Antworten waren besonders umfangreich und umfassend.

8. Zur Vorbereitung der Konferenz organisierten verschiedene UNESCO-Kommissionen, internationale nicht-staatliche Organisationen und nationale Verbände und Einrichtungen Seminare und Tagungen. Ergebnis dieser Veranstaltungen waren eine Anzahl von Spezialstudien und Berichte, die sich auf Themen der Erwachsenenbildung bezogen.

9. Zusätzlich brachten diese verschiedenen vorbereitenden Maßnahmen sowohl innerhalb der Länder als auch international eine angeregte Debatte in Gang, die ihrerseits beachtliches Quellenmaterial über gegenwärtige Tendenzen und Probleme hervorbrachte.

10. Die zwei letzten Sitzungen des „Internationalen Beratenden Komitees für Außerschulische Bildung", die im Dezember 1970 und im Februar 1972 stattfanden, waren im wesentlichen der Diskussion der Pläne für die

Konferenz und der Bearbeitung und Erweiterung des Materials gewidmet, das in den Konferenzdokumenten enthalten war.

11. Auf der Grundlage (a) des Materials, das sich aus den Antworten auf den Fragebogen ergab, (b) der Berichte der nationalen Arbeitsgruppen und (c) der Ratschläge des „Internationalen Beratenden Komitees" bereitete das Sekretariat der UNESCO die beiden folgenden Hauptdokumente für die Konferenz in Tokio vor:

UNESCO/CONFEDAD/4 A retrospective International Survey of Adult Education: Montreal 1960 to Tokyo 1972

UNESCO/CONFEDAD/5 Adult Education in the Context of Life-Long Education.

Eröffnung der Konferenz

12. Die Feier zur Eröffnung der Konferenz fand am 25. Juli in der Providence Hall des Tokyo Prince Hotel in Anwesenheit des Premierministers von Japan, Kakuei Tanaka, statt. In seiner Eröffnungsrede hieß Kakuei Tanaka die Delegierten in Japan willkommen und wies darauf hin, daß die Konferenz am 100. Jahrestag der Gründung des formalen Schulsystems in Japan stattfand. Er sagte, daß das grundlegende Problem von heute sei, welche Bildungsmöglichkeiten in allen verschiedenen Lebensbereichen einschließlich Heim, Schule, Gemeinschaft und Arbeitsplatz geboten werden können. (Der Text der Ansprache ist in Anhang 2 der Originalausgabe wiedergegeben.)

13. In seiner Eröffnungsrede dankte der Generaldirektor der UNESCO, Réne Maheu, Premierminister Kakuei Tanaka und der Regierung von Japan für ihre großzügige Gastfreundschaft und hieß die Delegierten und Beobachter willkommen. Anschließend gab er eine Erklärung über Stand und Rolle der Erwachsenenbildung ab. (Der Text der Ansprache ist in Anhang 2 der Originalausgabe wiedergegeben.)

Organisation des Konferenzablaufs

14. Die Delegationsleiter hielten am 25. Juli eine informelle Zusammenkunft ab, um die Wahl der Mitglieder des Leitungskomitees der Konferenz zu diskutieren. Dann trat die Konferenz zu ihrer ersten Vollversammlung

zusammen. Durch Akklamation wurde Toru Haguiwara (Japan) zum Präsidenten der Konferenz gewählt.

15. Nachdem sich der Präsident für die ihm zuteil gewordene Ehre bedankt hatte, erinnerte er die Delegierten an die Aufgaben, zu deren Erledigung sie sich versammelt hatten und bat um ihre Kooperation, um die Konferenz zu einem Erfolg zu bringen.

16. Unter Tagesordnungspunkt 3 nahm die Konferenz einstimmig die Geschäftsordnung (UNESCO/CONFEDAD/2) mit 2 Verbesserungen der Regeln 2.1 und 5.1 an. Unter Tagesordnungspunkt 4 wählte die Konferenz einstimmig als Vizepräsidenten: Dr. Raúl H. Di Blasio (Argentinien), Prof. Stefan Chochol (Tschechoslowakei), Coronel Vicente Anda (Ecuador), André Basdevant (Frankreich), Prof. Dr. Wilhelm Hahn (Bundesrepublik Deutschland), Lajos Sárdi (Ungarn), Lucas Ngureti (Kenia), Salem Shweihdi (Libysche Arabische Republik), Alhaii Shettima Ali Monguno (Nigeria), Prinz Khaled ben Fahad ben Khaled (Saudi Arabien), Lamine Diack (Senegal), Prof. Alexei Markouchevitch (Sowjet-Union), C. W. Rowland (Vereinigtes Königreich) und Dr. Robert M. Worthington (USA). Lars Olof Edström (Schweden) wurde zum Generalberichterstatter gewählt.

17. Die Konferenz nahm dann einstimmig ihre Tagesordnung (UNESCO/CONFEDAD/1) an und beschloß die Einsetzung von zwei Kommissionen. Die Konferenz wählte in ihrer Zuständigkeit für das Ganze einstimmig Nasser Movafaghian (Iran) als Vorsitzenden der Kommission I und Peter Nicholson (Kanada) als Vorsitzenden der Kommission II.

18. Das Leitungskomitee der Konferenz wurde gebildet; es umfaßte den Präsidenten, die 14 Vizepräsidenten, den Generalberichterstatter und die Vorsitzenden der beiden Kommissionen.

19. Die Behandlung des Tagesordnungspunktes 8 „Maßnahmen für die Entwicklung der Erwachsenenbildung" wurde den beiden Kommissionen wie folgt zugeteilt:
Kommission I: Tagesordnungspunkt 8.1. „Planung, Verwaltung und Finanzierung", Tagesordnungspunkt 8.4. „Entwicklung der Erwachsenenbildung durch internationale Zusammenarbeit"
Kommission II: Tagesordnungspunkt 8.2. „Neue Methoden und Techniken: Verwendung der wichtigsten Kommunikationsmittel", Tagesordnungspunkt 8.3. „Einsatz und Ausbildung von Personal, das für die Ausweitung der Erwachsenenbildung notwendig erscheint"
Die beiden Kommissionen behandelten die ihnen zugewiesenen Tagesord-

nungspunkte von Freitag, dem 28. Juli bis Mittwoch, dem 2. August und nahmen ihre Berichte am Samstag, dem 5. August an.

20. *Behandlung der Tagesordnungspunkte 6 und 7:* Von Dienstag, dem 25. Juli bis Donnerstag, dem 27. Juli diskutierte die Konferenz im Plenum die Tagesordnungspunkte 6 „Haupttendenzen der Erwachsenenbildung während der letzten 10 Jahre (Analyse und Hauptprobleme)" und Tagesordnungspunkt 7 „Erwachsenenbildung als Faktor der Demokratisierung der Bildung und der wirtschaftlichen, gesellschaftlichen und kulturellen Entwicklung – ihre Rolle und ihr Standort in einem integrierten Bildungssystem im Kontext der lebenslangen Bildung". Am Donnerstag, dem 3. August diskutierte das Plenum den Bericht, der die Debatten über die Punkte 6 und 7 zusammenfaßte und behandelte dann die Empfehlungen, die sich daraus ergaben.

21. Es ergaben sich Einwände einiger Delegationen hinsichtlich der Zusammensetzung der Konferenz, jedoch erklärte sich diese hierfür nicht zuständig.

22. Auf Antrag des Delegierten von Brasilien, unterstützt vom Delegierten von Argentinien, drückten die bei der Konferenz anwesenden Delegierten der Delegation von Peru ihre Glückwünsche zum 150. Jahrestag der Unabhängigkeit des Landes aus. In ähnlicher Weise wurden auf Vorschlag des Delegierten von Senegal von der Konferenz Glückwünsche anläßlich des 12. Jahrestages der Unabhängigkeit der Elfenbeinküste ausgesprochen.

23. Im Namen der Konferenz sandte der Präsident ein Telegramm an den Premierminister von Belgien, in dem er ihm das Beileid der Konferenz zum Tode von Paul Henry Spaak ausdrückte, dem ersten Präsidenten der Generalversammlung der Vereinten Nationen, der sein Leben der Förderung des Weltfriedens und der Entwicklung der Bildung gewidmet hatte.

24. Während der Konferenz wurde von der japanischen UNESCO-Kommission eine internationale Ausstellung über Erwachsenenbildung veranstaltet, an der 23 Länder und 6 internationale Organisationen teilnahmen. Außerdem wurde unter der Trägerschaft der japanischen Vereinigung für die UNESCO und der Asia Times Inc. eine internationale Erziehungsausstellung mit dem Titel „Neue Medien für die Bildung" durchgeführt. Von der Nippon Telegraph und Telephone Corporation wurde eine Sonderausstellung mit Demonstration über jüngste Telekommunikationsmedien zum Gebrauch in der Erwachsenenbildung organisiert.

Abschluß der Konferenz

25. Am Montag, dem 7. August nahm das Plenum der Konferenz die Berichte der beiden Kommissionen entgegen, die von den Berichterstattern vorgetragen wurden. Der Bericht des Generalberichterstatters wurde diskutiert und mit einigen Ergänzungen in der Einleitung von der Konferenz angenommen. Die von den Berichterstattern der beiden Kommissionen vorgetragenen vorläufigen Empfehlungen wurden vom Präsidenten dem Plenum vorgelegt und nach Diskussion und einigen Ergänzungen von der Konferenz in der Form angenommen, in der sie in Teil V dieses Berichtes beigefügt sind. Schließlich legte der Präsident eine Schlußresolution vor, die angenommen wurde. Zum Schluß wurde der Gesamtbericht der Konferenz durch Akklamation angenommen.

26. Der Unterrichtsminister von Japan, Osamu Inaba, betonte in seiner Ansprache den eindrucksvollen Ernst, mit dem die Teilnehmer die Diskussionen geführt hatten und sagte: „Wir müssen einen gewaltigen Schritt vorwärts tun, um von einer zu intellektuellen Bildung zu einer Entfaltung der gesamten Persönlichkeit und von der zu starken Betonung der Schulbildung zu einer lebenslangen Bildung zu kommen". Er dankte dafür, daß die Dritte Weltkonferenz über Erwachsenenbildung in Japan zu einem für das Land so wichtigen Zeitpunkt stattfinde. (Der volle Text der Ansprache ist im Anhang 4 der Originalausgabe enthalten.)

27. In seiner Abschlußansprache unterstrich der Generaldirektor der UNESCO, daß sich die Konferenz in einem Klima der Offenheit und der Herzlichkeit abgespielt habe, was dem guten Willen jedes einzelnen und der Gastfreundschaft der Japaner zu danken sei. Er stellte die Übereinstimmung in einer Zahl von Einsichten und wichtigen Vorstellungen fest, die sich aus den Gesprächen ergeben hätten, und zog eine provisorische Bilanz aus den Arbeiten der Konferenz sowohl in intellektueller als auch in praktischer Hinsicht. Schließlich informierte er die Konferenz, auf welche Weise er deren Schlußfolgerungen verfolgen wolle und welche Maßnahmen notwendig seien, um jene an die UNESCO adressierten Empfehlungen zu verwirklichen. (Der Text der Ansprache ist im Anhang 4 der Originalausgabe enthalten.)

28. Bevor die Konferenz durch den Präsidenten als geschlossen erklärt wurde, nahm die Konferenz per Akklamation die zweite Schlußresolution an, die von der Delegation Australiens vorgelegt und in Abschlußansprachen im Namen aller Delegierten von den Delegationsleitern von Libyen, Nigeria, Kolumbien, Indonesien, der Bundesrepublik Deutschland und der UdSSR unterstützt wurde.

Erste Schlußresolution

Die Konferenz, die von der UNESCO vom 25. Juli bis 7. August 1972 durchgeführt wurde und die den Bericht über die Ergebnisse ihrer Arbeit einschließlich der Empfehlungen angenommen hat, ermächtigt den Generaldirektor, diesen nach Überarbeitung zu veröffentlichen und den Mitgliedstaaten der UNESCO, den Vereinten Nationen, deren Sonderorganisationen sowie allen interessierten internationalen staatlichen und nichtstaatlichen Organisationen zuzuleiten.

Zweite Schlußresolution

Die Konferenz, die vom 25. Juli bis 7. August 1972 in Tokio stattgefunden hat, drückt der Regierung und dem Volk Japans für die großzügige und herzliche Gastfreundschaft ihren Dank aus:
– dem Premierminister von Japan, Kakuei Tanaka, für die Ehre, die er der Konferenz durch seine persönliche Teilnahme erwiesen hat;
– dem Unterrichtsminister von Japan, Osamu Inaba, für das Interesse, das er der Konferenz entgegengebracht hat und für die ausgezeichneten Dienste, die er für die Konferenz leistete, indem er Mitglieder des Stabes des Unterrichtsministeriums, besonders solche des Sekretariats der japanischen UNESCO-Kommission, zur Verfügung stellte;
– dem Präsidenten der Konferenz, Toru Haguiwara, für die liebenswürdige und hervorragende Art, in welcher er die Konferenz geleitet hat;
– der UNESCO für die Einberufung dieser Konferenz in Tokio und dem Generaldirektor der UNESCO für die sachkundigen Dienste, die das Sekretariat sowohl bei der Vorbereitung als auch bei der Organisation der Konferenz geboten hat.

II. Allgemeiner Bericht

1. Für die Diskussion der Tagesordnungspunkte 6 und 7 standen der Konferenz die Kapitel I und II des Hauptarbeitspapieres „Erwachsenenbildung im Kontext der lebenslangen Bildung" (UNESCO/CONFEDAD/5) zur Verfügung. Außerdem lag der Konferenz das Quellendokument „Ein rückschauender internationaler Überblick über die Erwachsenenbildung – Montreal 1960 bis Tokio 1972" (UNESCO/CONFEDAD/4) vor. Auch die kommentierte Tagesordnung (UNESCO/CONFEDAD/3) diente als Arbeitspapier.

Tagesordnungspunkt 6:
Die wichtigsten Tendenzen in der Erwachsenenbildung während der letzten 10 Jahre (Analyse und Hauptprobleme)

Einleitung

2. Seit der Konferenz von Montreal im Jahre 1960 über Erwachsenenbildung haben die technologische Entwicklung und das wirtschaftliche Wachstum in vielen Teilen der Welt eine ernste Verschlechterung der Umwelt nach sich gezogen und zu wachsenden Problemen der Verstädterung geführt. Diese und die damit verbundenen Probleme haben die dringende Notwendigkeit unterstrichen, die Folgen der Veränderungen besser zu verstehen und zu kontrollieren. Die Erwachsenenbildung wurde daher immer mehr aufgerufen, zu einer Lösung dieser Frage beizutragen.

3. Während der 60er Jahre wurde die Welt Zeuge der Entstehung einer großen Zahl neuer Staaten, die vorher unter Kolonialherrschaft standen und deren Bedürfnisse und Probleme ein internationaler Faktor größter Bedeutung geworden sind. Wie in dem Konferenzpapier „Ein rückschauender internationaler Überblick über die Erwachsenenbildung" (CONFEDAD/4) dargelegt ist, hat diese Entwicklung während der letzten 10 Jahre dazu geführt, daß den Bedürfnissen dieser Länder nach Erwachsenenbildung mehr Aufmerksamkeit, besonders hinsichtlich der Bekämpfung des Analphabetismus und der Entwicklung der ländlichen Gebiete, geschenkt wurde.

4. Die gegenwärtige Konferenz stellte fest, daß fast überall in der Welt die Notwendigkeit der Erwachsenenbildung stärker anerkannt wird, daß auch das Konzept der lebenslangen Bildung immer stärker zum Durchbruch kommt, und daß die Notwendigkeit einer besseren Koordination der Tätigkeiten auf dem Gebiet der Erwachsenenbildung in den einzelnen Ländern eingesehen wird. Außerdem ist eine beachtenswerte Zunahme der Zahl jener Menschen festzustellen, die am Angebot der Erwachsenenbildung teilnehmen. Die Erwachsenenbildung hat auch im Bereich der Wissenschaft Anerkennung gefunden.

5. Die Jahre nach der Konferenz von Montreal brachten auch die Einbeziehung von Erwachsenenbildungsprogrammen in die nationalen Entwicklungspläne.

Verbindung mit dem formalen Bildungssystem (Schulsystem)

6. Zur Zeit der Konferenz von Montreal bestanden in vielen Ländern Systeme, die in Praxis auf die Existenz zweier paralleler Bildungssysteme hinausliefen: Das formale Bildungssystem auf der einen Seite und die Erwachsenenbildung auf der anderen. Während der 60er Jahre begann eine allmähliche Integration beider Systeme. Es bestanden oft enge Beziehungen: So wurde z. B. die Erwachsenenbildung aufgerufen, bei der Lösung von Jugendproblemen, etwa bei den vorzeitigen Schulabgängern und deren Arbeitslosigkeit mitzuhelfen.

Entwicklung der funktionalen Aspekte der Erwachsenenbildung

7. Die Konferenz betonte die Funktionalität der Erwachsenenbildung im Hinblick auf das Leben der Menschen und den Bedarf der Gesellschaft. Vielleicht das beachtenswerteste Beispiel in diesem Zusammenhang war die Einleitung von funktionalen Alphabetisierungsprojekten in vielen Mitgliedstaaten, nachdem im Jahre 1965 in Teheran das Konzept der funktionalen Alphabetisierung allgemein angenommen wurde. Eine enge ökonomische Auslegung der Funktionalität war für die Mehrheit dieser Programme nicht typisch. Es war klar, daß die Funktionalität der Alphabetisierung so verstanden werden soll, daß sie wie bei der Erwachsenenbildung eine Integration in das gesellschaftliche Leben gewährleistet und den kulturellen und gesell-

schaftlichen Bedürfnissen gerecht wird, um auf diese Weise den Lernenden zu ermöglichen, am Leben der Gesellschaft teilzunehmen und diese von innen heraus zu verändern. Viele Sprecher erklärten sich mit dem Gebrauch des Begriffes „funktionale Alphabetisierung" nicht einverstanden. Darunter würde zu leicht verstanden, daß es ihr alleiniges Ziel sei, den Erwachsenen den ökonomischen Mechanismen und der Produktion unterzuordnen, ohne daß das Element der Teilnahme und der gesellschaftlichen und kulturellen Mitarbeit betont würde. Die Konferenz war sich einig über die aktuelle Bedeutung einer umfassenden und integrierten Auffassung der Alphabetisierung wie der Erwachsenenbildung im ganzen, aber es herrschte keine Einigkeit über den Begriff, mit dem dieses Konzept eindeutig beschrieben werden kann.

8. Die Erfahrung der Länder, die den Analphabetismus bereits beseitigen konnten, zeigte, daß eine enge Verbindung zwischen gesellschaftlichen und wirtschaftlichen Reformen und dem Bildungsniveau besteht. Die Alphabetisierung wurde als ein Element beim Aufbau von Nationen anerkannt, insofern als sie den Erwachsenen die notwendigen Kommunikationsfähigkeiten vermittelt, die zum Erwerb von Kenntnissen und Fertigkeiten notwendig sind und mit denen sie ihre eigene Produktivität vermehren und wirksamer an den Entscheidungsprozessen auf allen Ebenen teilnehmen können. Es wurde betont, daß der Unterricht in Lokalsprachen und die Bereitstellung von mehr Folgematerial für jene, die erst jüngst den Analphabetismus überwunden hatten, wünschenswert sei.

9. Bei der Diskussion der Alphabetisierungsprojekte stellte die Konferenz fest, daß die jüngsten Bemühungen zur Bekämpfung des Analphabetismus zu bedeutenden Erfolgen geführt haben. Dennoch stieg die Zahl der Analphabeten in der Welt. Für die durchgehende Alphabetisierung eines Volkes war die umfassende Mobilisierung aller nationalen Kräfte unerläßlich. Die Konferenz anerkannte dabei auch die Wichtigkeit der Naturwissenschaften und der Technik für die funktionale Erwachsenenbildung. Wegen der starken gesellschaftsverändernden Wirkungen, die von den Naturwissenschaften ausgehen, muß das Bildungswesen in verstärktem Maße auf Signale aus diesem Bereich reagieren.

10. In der Bildungsarbeit müssen Praxis und Theorie, Arbeit und Lernen kombiniert werden. Die Wechselwirkung zwischen wirtschaftlicher Entwicklung und Bildung war in den 60er Jahren besonders stark. Der zunehmenden Arbeitslosigkeit und der Verlagerung der Arbeitskräfte im Gefolge der technischen Veränderungen wurde in einer Zahl von Ländern u. a. dadurch entgegengewirkt, daß Maßnahmen zur beruflichen Umschulung eingeleitet wurden. Die Ausbildung während der Arbeit in der Industrie nahm zu, und Ge-

nossenschaften und ländliche Ausbildungszentren haben ihre Bildungstätigkeiten wesentlich ausgeweitet. Durch Abendkurse, Fernkurse und andere Methoden wurde den Erwachsenen Gelegenheit geboten zu studieren, ohne ihre Arbeit aufgeben zu müssen. Bezahlter Bildungsurlaub und teilweise Freistellung von der Arbeit zum Studium wurde in einigen Ländern ermöglicht. Einwanderern und ähnlichen Minderheiten wurden Bildungsmöglichkeiten geboten.

11. Die gesellschaftlichen und kulturellen Bedürfnisse des Menschen wurden in zunehmendem Maße unterstrichen. Die Bildung für bestimmte gesellschaftliche Rollen und Tätigkeiten, die mit dem staatsbürgerlichen und außerberuflichen Leben der Menschen zusammenhängen, spielten in den Programmen der Erwachsenenbildung vieler Länder eine bedeutende Rolle. Einrichtungen wie die Community Schools, in denen Gemeinwesen und Bildungsarbeit ineinanderwirken, wurden sowohl in industrialisierten als auch in Entwicklungsländern eingerichtet.

12. Die Bedeutung der Erwachsenenbildung für die Lösung von Umwelt- und Bevölkerungsproblemen wurde betont. Mehrere Delegierte unterstrichen die zentrale Bedeutung dieser Fragestellungen.

Das Studium der Erwachsenenbildung

13. Eine beachtliche Zahl von Universitätsabteilungen und spezielle Einrichtungen für die Erwachsenenbildung wurden in den 60er Jahren eingerichtet. Die Erwachsenenbildung begann darüber hinaus, sich zu einer besonderen Disziplin zu entwickeln. Experimente und Forschungen auf dem Gebiet der Erwachsenenbildung wurden durchgeführt.

14. Viele Einrichtungen auf Hochschulebene boten Kurse zur Erreichung von Graden, Diplomen und Abschlüssen für die Erwachsenenbildung. Dennoch bestand weiterhin ein großer Bedarf an mehr beruflich ausgebildeten Erwachsenenbildnern.

Verwaltung und Finanzierung

15. Es wurde betont, daß die Unterschiedlichkeit und der Umfang der zahlreichen Einrichtungen, die sich der Bildung von Erwachsenen annehmen, irgendeine Form der Koordination auf nationaler Ebene verlangen. Entweder durch ein bestimmtes Ministerium oder durch interministerielle Komitees,

welche die Vertreter aller betroffenen Einrichtungen umfassen. Gleichzeitig muß festgestellt werden, daß eine unangemessene Zentralisierung in der Durchführung der Erwachsenenbildungsprogramme schädlich sein könnte. In vielen Ländern wurden Schritte unternommen, die Planung und die Aufsicht auf dem Gebiet der Erwachsenenbildung an regionale, lokale oder Nichtregierungsstellen zu delegieren. Besondere Aufmerksamkeit verdient der wichtige Beitrag der freiwilligen Träger, der Gewerkschaften und der Volksbewegungen, sowie die Notwendigkeit, diesen vollständige Freiheit der Entfaltung zu gewähren. Das Militär könnte manchmal eine bedeutende Rolle in der Bildung Erwachsener spielen.

16. Gesetzlich fundierte Unterstützung für die Erwachsenenbildung und steigende finanzielle Zuwendungen aus öffentlichen Quellen waren weitere bemerkenswerte Charakteristika der Zeit nach der Konferenz von Montreal. Dennoch wurden immer noch zuwenig öffentliche Gelder für die Erwachsenenbildung ausgegeben. Die Haushaltsansätze für die Erwachsenenbildung müßten während der 70er Jahre in bedeutendem Ausmaße steigen, wenn die lebenslange Bildung verwirklicht werden soll. Die Konferenz betonte, daß dies ein echtes Bekenntnis der Regierungen zur Erwachsenenbildung voraussetzen würde. Das Ausmaß und die Art der Finanzierung wird für die kommenden Jahre entscheidend sein.

17. Das unzureichende Ausmaß der internationalen und bilateralen Hilfe war ebenfalls offenkundig. In vielen Entwicklungsländern mit angespannter wirtschaftlicher Lage, wo der Bedarf an Bildung die verfügbaren Mittel bei weitem überschritt, gab internationale oder bilaterale Hilfe Anlaß zu großen Hoffnungen für die weitere Entwicklung. Sie bedurften nicht unbedingt teurer oder komplizierter Lehrmittel und Materialien. Im Gegenteil, in den ländlichen Gebieten, in denen sie vorwiegend eingesetzt werden, können und müssen einfache Mittel verwendet werden.

Mittel und Methoden

18. Die Massenmedien wurden in der Erwachsenenbildung praktisch überall in dieser oder jener Form verwendet. Die Flexibilität, die sie besonders den autonomen erwachsenen Lernenden bieten, war einer der Gründe für die Beliebtheit der Massenmedien in der Erwachsenenbildung. Nicht zuletzt wegen der bedeutend niedrigeren Kosten wurde der Hörfunk in größerem Umfang eingesetzt als das Fernsehen.

Internationaler Austausch von Ideen

19. Man war sich einig, daß Konferenzen über Erwachsenenbildung häufiger als bisher abgehalten und daß geeignete Aspekte der Erwachsenenbildung regelmäßig in die Tagesordnungen von Bildungskonferenzen aufgenommen werden sollten. Der regionale Austausch von Ideen bei periodisch abzuhaltenden Konferenzen und die Einrichtung besonderer Regionalzentren wurde empfohlen.

20. Der dringende Bedarf an mehr und besserer Dokumentation und an international vergleichbaren Statistiken über die Erwachsenenbildung wurde unterstrichen. Viele Ausdrücke, die in der Erwachsenenbildung gebraucht werden, sind doppeldeutig oder unklar. Die Konferenz unterstrich, daß ein internationales Wörterbuch der Erwachsenenbildung dringend benötigt wird.

Tagesordnungspunkt 7:
Die Erwachsenenbildung als Faktor der Demokratisierung der Bildung und der wirtschaftlichen, gesellschaftlichen und kulturellen Entwicklung
Ihre Rolle und ihr Standort in integrierten Bildungssystemen im Kontext der lebenslangen Bildung

Die Erwachsenenbildung als Faktor der Demokratisierung der Bildung

Das Problem der Teilnahme

21. Eines der bedeutendsten Kennzeichen der Entwicklung der Erwachsenenbildung in den 60er Jahren war eine bedeutende quantitative Erhöhung der Zahl der Teilnehmer an Programmen der Erwachsenenbildung (s. a. 22). Dennoch wurde von der Konferenz die Erfahrung bestätigt, daß eine Zunahme der Zahlen nicht notwendigerweise zu einer Demokratisierung führt, auch wenn voll anerkannt wurde, daß eine Demokratisierung durch die Entwicklung so grundlegender Fähigkeiten wie Lesen und Schreiben gefördert werden kann. Die Menschen, die aus der Ausweitung der nicht formalen Bildung Nutzen zogen, waren oft die bereits Privilegierten; denen die schon hatten, wurde mehr gegeben. In vielen Ländern gibt es eine große Anzahl Erwachsener, denen Bildungsmöglichkeiten verschlossen waren oder

welche die ihnen gebotenen Möglichkeiten nicht ausnützten. Daher könnte eine rein quantitative Ausweitung die sozialen Ungleichheiten eher vergrößern als verringern. Außerdem ist es entscheidend, daß die Erwachsenen sich ihre eigene Bildung selber gestalten, damit sie ihre eigenen Ziele erreichen und ihre eigenen Bedürfnisse befriedigen können.

22. Die bildungsmäßig unterprivilegierten und schwach motivierten Erwachsenen waren gewöhnlich jene mit geringer oder fehlender Grundbildung, ferner benachteiligte Gruppen wie z. B. isolierte ländliche Gemeinschaften, Wanderarbeiter, alte Menschen, physisch oder geistig Behinderte. Bei allen diesen Gruppen sollte der oft unterprivilegierten Stellung der Frau besonderes Augenmerk geschenkt werden. Die Konferenz behandelte einige Gründe für das Versagen der Erwachsenenbildung bei der Bemühung, die Benachteiligten zu erreichen. Die erwähnten Beschränkungen waren ökonomischer, gesellschaftlicher und kultureller Art.

23. Eine Ursache für die Nichtteilnahme zahlreicher Menschen war die Art der Beschäftigung. Die Weigerung zahlreicher Menschen, besonders der Jugendlichen, am breiten Angebot der Weiterbildung teilzunehmen, hat ihre Ursache u. a. in der Notwendigkeit, sich auf den Erwerb beruflicher Qualifikationen für eine bessere Stellung zu konzentrieren. Die Arbeit in Fabriken, Betrieben, Ämtern und auf landwirtschaftlichen Gütern muß daher den Bedürfnisse einer Lerngesellschaft angepaßt werden. Die Unfähigkeit, eine angemessene Zeit für das Studium zu reservieren oder der Mangel an Geld verhinderte die Teilnahme vieler Menschen. Auch konservative, soziokulturelle Traditionen hemmen manchmal die Teilnahme. Die Zugehörigkeit zu bestimmten Subkultur-Gruppen war ein weiteres Hindernis für die Teilnahme.

24. Die Konferenz lenkte die Aufmerksamkeit auf die ständige Wechselwirkung zwischen Bildung und Gesellschaft. Die Gesellschafts- und Wirtschaftspolitik bestimmen die Art des Bildungssystems, das seinerseits wieder die sozialen Veränderungen beeinflußt. Neue Bildungsziele können nicht durch Mittel der Bildung allein erreicht werden. Sie verlangen Veränderungen außerhalb des Bildungssystems, von der Gesellschaft im Ganzen. Gleichzeitig setzt eine sich ändernde Gesellschaft ein schnell reagierendes und flexibles Bildungssystem voraus.

Mittel der Demokratisierung

25. In der Generaldebatte betonten etliche Delegierte die dringende Notwendigkeit, die Teilnahme der bildungsmäßig Unterprivilegierten zu ver-

stärken und diesen die Möglichkeit zu bieten, an den Entscheidungen, an der Bestimmung und an der Lösung ihrer eigenen Bildungsprobleme teilzunehmen. Eine Voraussetzung wäre eine Gesetzgebung, die das Recht auf zeitweise Freistellung von der Arbeit ohne Lohnverlust regelt. Auch die Arbeitslosen bedürfen der Ausbildung. Die Bedeutung erträglicher Lebensbedingungen, die das Lernen erst möglich machen, wurde unterstrichen.

Die Macht der Massenmedien

26. Die Macht der Massenmedien und anderer Bildungstechniken, die in die Wohnungen und Arbeitsplätze hineinreichen (z. B. Fernunterricht), wurde unterstrichen. Aber diese Werkzeuge der Kommunikation sind in Zusammenhang mit anderen Faktoren zu nutzen, die nicht weniger wichtig sind. Zu diesen zählen lokale Initiative, Gruppenführung sowie die Teilnahme der Lernenden an Planung und Durchführung der Erwachsenenbildungsprogramme.

Gruppenführung und lokale Initiative

27. Die erwachsenen Lernenden sollten an allen Stufen der Erwachsenenbildungsprogramme voll beteiligt sein. Von gleicher Bedeutung sind sowohl die isolierten autonomen Lernenden und die Gruppen Gleichgesinnter in Dörfern, Betrieben oder Gemeinschaftszentren. Gemeinsame Unternehmungen durch Austausch von Erfahrungen und Ideen können anregend wirken und bisherige Nichtteilnehmer anziehen. Gruppentätigkeiten können einen Sinn für Zugehörigkeit und Zielsetzung erzeugen, der eine feste Grundlage für gemeinsames Lernen bilden kann. Die Bildungsarbeit soll sich an lokalen Gegebenheiten orientieren und für alle offenstehen.

28. In der Praxis der Erwachsenenbildung wird allgemein anerkannt, daß die Begriffe „Student" und „Lehrer" unangemessen sind. Anstelle von „Lehrer" werden in zunehmendem Maße die Wörter „Leiter" oder „Berater" oder „Animateur" verwendet. An die Stelle von „Student" tritt der Ausdruck „Teilnehmer".

Diese Veränderung hat grundsätzliche Bedeutung: In der Erwachsenenbildung sehen sich Lehrende und Lernende als Gleichgestellte. Immer mehr beginnen Erzieher die Tatsache zu schätzen, daß die Erwachsenen selbst die wichtigsten Triebkräfte ihrer eigenen Bildung sind und daß sie über einen Reichtum an Erfahrungen und Einsichten verfügen, den sie dem Lernprozeß beisteuern können.

29. Es wurde von der Notwendigkeit gesprochen, die Initiativen lokaler Organisationen im Rahmen nationaler Maßnahmen für die Erwachsenenbildung zu ermutigen. Zur Verwirklichung des Konzeptes der lebenslangen Bil-

dung erscheint es notwendig, daß Einrichtungen, die traditionsgemäß nichts mit der Bildungsarbeit zu tun haben, wie Fabriken, Firmen, soziale Aktionsgruppen und Ministerien, an der Planung und Verwirklichung von Programmen der Erwachsenenbildung in viel größerem Ausmaß beteiligt werden. Dies gilt auch für Körperschaften, die Bildungsaufgaben mit anderen Zielsetzungen verbinden, sowie für die Gewerkschaften und die Genossenschaften.

30. Die Einrichtung von Gemeinschaftsschulen oder Zentren, von Volkshochschulen oder lokalen Kulturkomitees oder von Dorfbüchereien wurden als weitere Möglichkeiten zur Anregung lokaler Initiativen angesehen.

Entwicklung ländlicher Gebiete

31. Besonders in der Dritten Welt sind der Wohlstand der ländlichen Bevölkerung und der ihn bedingende Ertrag der landwirtschaftlichen Produktion wesentliche Anliegen. Obwohl der weitaus größere Teil der Bevölkerung in den meisten dieser Länder außerhalb der städtischen Zentren wohnt, zeigt sich nur zu oft eine sich weitende Kluft zwischen dem Lebensstandard der städtischen und dem der ländlichen Bevölkerung. Menschen in den Dörfern und in den entlegeneren Gebieten sind oft gesellschaftlich, politisch, wirtschaftlich, kulturell und nicht zuletzt bildungsmäßig benachteiligt. Nach Ansicht zahlreicher Delegationen liegen die wichtigsten Gründe dafür in Faktoren wie dem System der Landverpachtung, der Abhängigkeit der ländlichen Gebiete von den wirtschaftlichen Interessen der städtischen Zentren und dem Mangel an wirklichen Möglichkeiten für die Menschen der ländlichen Gemeinden, an den Entscheidungen für die Gesamtgesellschaft teilzunehmen.

32. Nicht zuletzt im Interesse des Aufbaus neuer Nationen und der wirtschaftlichen Entwicklung ist das Angebot an Erwachsenenbildung für die oft unterprivilegierten ländlichen Gemeinschaften zahlreicher Länder unter dem Gesichtspunkt der Demokratisierung von größter Wichtigkeit.

33. Viel mehr Bildungsanstrengungen sollten auf die Entfaltung der reichen und vielfach noch nicht ausgeschöpften menschlichen Quellen in den ländlichen Gemeinschaften besonders der Dritten Welt gerichtet werden. Faktoren der Umwelt, der Gesellschaft und der Wirtschaft stehen hier wie anderswo im Vordergrund. Der nur für seinen Lebensunterhalt arbeitende Bauer und der landwirtschaftliche Arbeiter ohne Landbesitz, heute oft Opfer von ihn umgebenden Kräften, die er nicht verstehen und von denen er das Gefühl hat, daß er sie nicht beeinflussen kann, sollte lernen, seine Umgebung zu verstehen und positiv zu gestalten. Er muß sich der gesellschaftlichen, moralischen, politischen und wirtschaftlichen Kräfte bewußt werden, welche die

Gesellschaft gestalten, damit er ein aktiver Faktor der Veränderung werden und seine eigene Position verbessern kann.

34. Die Konferenz nahm die engen Beziehungen zwischen Erwachsenenbildung zur Entwicklung ländlicher Gebiete und dem Bedarf nach Landreform und nach radikalen Veränderungen in vielen Ländern der Welt in den sozio-ökonomischen Strukturen in ländlichen Gebieten zur Kenntnis.

Die Ausweitung der Aufgaben von Universitäten und anderen post-sekundären Institutionen

35. Die Konferenz war der Überzeugung, daß die Aufgaben der postsekundären Institutionen vornehmlich in der Dritten Welt hinsichtlich der Bedürfnisse Erwachsener ausgeweitet werden sollten. Die Universitäten sollten ihre Beziehungen zur Gesellschaft neu überprüfen. Sie sollten in größerem Ausmaß als bisher Erwachsene ohne formelle schulische Vorbildung betreuen und sich mehr in die Gesamtgesellschaft einordnen.

36. Ein Schritt auf diesem Weg ist es, befähigten Erwachsenen den Zutritt zu den Universitäten aufgrund spezieller Aufnahmebedingungen, selbst unter Verzicht auf die Erfüllung von formellen akademischen Voraussetzungen zu gestatten. Bedingung sollte sein, daß sie über die notwendigen Kenntnisse und Fertigkeiten verfügen. Erwachsenen, die praktische Erfahrungen erworben oder außerhalb des regulären Schulsystems studiert haben, sollte der Zugang zur höheren Bildung geöffnet werden. Die Universitäten ihrerseits können aus den praktischen Einsichten und Erfahrungen gewinnen, die von den Erwachsenen in ihre Arbeit eingebracht werden.

37. In den Entwicklungsländern sollten die Universitäten erkunden, welchen Beitrag sie zur Bildung der analphabetischen oder halbanalphabetischen Massen leisten können. So sollten die von den Universitäten angebotenen Ausbildungsmöglichkeiten in den Techniken und Methoden der Erwachsenenbildung so angelegt sein, daß die speziell ausgebildeten hauptberuflichen Mitarbeiter der ländlichen Gebiete die Probleme der Bevölkerung kennen und bei deren Lösung mithelfen können. Forschungen und Versuchsprojekte sollten sich der Prüfung der bildungsmäßigen und anderen Bedürfnisse der unterprivilegierten Gruppen widmen.

38. Die Aufgaben der Universitäten sollten ausgeweitet werden, so daß sie fähig werden, sowohl in den entwickelten als auch in den weniger entwickelten Ländern in systematischer Weise besonders zur periodischen Weiterbildung der hauptberuflichen Mitarbeiter aller Ebenen beizutragen. Diese Notwendigkeit ist in den Entwicklungsländern ganz besonders groß, da die

von den Wissenschaften bestimmte Umwelt noch dünn ist und die im Ausland ausgebildeten Mitarbeiter bei ihrer Rückkehr oft von den modernen Quellen der Information und von den Zentren weitergehender Forschung abgeschnitten sind.

39. Die Studenten und die Stäbe der Universitäten sollten mehr Anteil an den Angelegenheiten ihrer Gemeinwesen nehmen.

Zeugnisse und Prüfungen

40. Formelle Prüfungsmethoden können manchmal ein Hindernis für die Demokratisierung der Erwachsenenbildung sein. Die Konferenz betrachtete die Reform einiger derzeit vorherrschender Arten der Aufnahmepüfungen für Erwachsene als höchst wünschenswert. Das Wesentliche dabei ist, die betroffenen Menschen selbst hinzuzuziehen und daran teilnehmen zu lassen. Viele traditionelle Formen der Aufnahmeprüfung tendieren dahin, sie herauszuhalten.

Die Erwachsenenbildung als Faktor der wirtschaftlichen und gesellschaftlichen Entwicklung

Erwachsenenbildung und Produktivität

41. Die Konferenz war sich einig, daß die Erfassung aller menschlichen Kräfte wesentlich für den wirtschaftlichen und sozialen Fortschritt ist und daß die Erwachsenenbildung in dieser Hinsicht eine große Rolle zu spielen hat. Die Bildung sollte ein Motor der Veränderung und der Umwandlung sein. Die schnelle Zunahme des technischen Wissens und der industriellen und landschaftlichen Produktion verlangen heute, daß Arbeitskräfte aller Berufe und auf allen Ebenen ständig umgeschult und weitergebildet werden. Neue Berufe sind entstanden und alte verschwunden. Die Umschulung von Teilen der Arbeiterschaft für neue Berufe, wenn ihre alten Berufe, zum Beispiel durch Veränderungen in den industriellen Prozessen überflüssig geworden sind, ist ein Beitrag zur Lösung des Problems der Arbeitslosigkeit.

42. Die Berufsausbildung sollte jedoch mehr sein als die bloße Vorbereitung des Individuums für seine Rolle als Produktionskraft. Der Erwachsene sollte fähig sein, an der Kontrolle aller Vorgänge, die ihn angehen, teilzunehmen. Die anderen Rollen des Individuums in der Gesellschaft – die kulturellen, gesellschaftlichen, politischen Rollen – sollten beachtet werden, wenn Ausbidungsprogramme geplant werden. Die Aufgabe der Erwachsenenbildung sollte es daher sein, den ganzen Menschen zu entfalten, selbst wenn aus prak-

tischen Gründen nur eine bestimmte Fertigkeit oder hochspezialisiertes Fachwissen vermittelt werden muß.

43. Gewerkschaftliche und berufliche Ausbildung für Industrie und Landwirtschaft wurden jedoch für jedes nationale System der Erwachsenenbildung als unerläßlich bezeichnet.

Erwachsenenbildung und nationale Entwicklung

44. Die Konferenz machte darauf aufmerksam, daß die Erwachsenenbildung eines der Instrumente für den Aufbau junger Nationen ist. Aber nicht allein bei Nationen, die erst vor kurzem von der Kolonialherrschaft befreit wurden, kann die Erwachsenenbildung dazu beitragen, daß sich ein Sinn für nationale Ausrichtung und Zielsetzung entwickelt, daß die Gruppen zusammenwachsen und daß sich die Menschen aktiver an den öffentlichen Aufgaben beteiligen.

45. Jede nationale Entwicklung beginnt von unten bei den Kleinbauern und bei den Handarbeitern. Sie müssen die Werkzeuge, das Wissen und die Fertigkeiten in die Hand bekommen, mit denen sie ihre Lebensbedingungen verbessern und einen Einfluß auf ihre Umwelt ausüben können.

Grundbildung (Alphabetisierung)

46. Ein unerläßlicher Bestandteil jeder Erwachsenenbildung im Dienste der nationalen Entwicklung ist die Grundbildung, in vielen Staaten konkret: die Alphabetisierung. Die Konferenz war einstimmig der Überzeugung, daß sie eine Schlüsselstellung in der lebenslangen Bildung bildet. Der gesellschaftliche, wirtschaftliche und kulturelle Fortschritt mehrerer Staaten, die bei der Konferenz vertreten waren, wurde der vollständigen oder nahezu vollständigen Beseitigung des Analphabetismus zugeschrieben. Aber die Grundbildung ist nur eine, wenn auch entscheidende Stufe. Das Erlernen von Lesen und Schreiben muß unbedingt weiterführen in einem ständigen Prozeß der persönlichen Entfaltung. Den Regierungen obliegt daher die Pflicht, umfangreiche Programme anzubieten, welche die erste Alphabetisierung fortsetzen und sich in den Rahmen eines Systems lebenslanger Bildung einpassen.

47. Um ein wirksamer Faktor des Fortschrittes zu sein, muß die Erwachsenenbildung auf angewandter Forschung basieren. Diese Forschung sollte die Ergebnisse verwandter Gebiete, wie Soziologie und Psychologie, einschließen und sich vor allem mit folgenden Gebieten befassen:
a) Analyse der ökonomischen und sozialen Vorteile, die sich aus Investitionen für die Erwachsenenbildung ergeben;

b) Lehrmethoden;
c) Motivationen Erwachsener, um insbesondere bisher nicht erreichte Erwachsene zu gewinnen oder das Interesse bei jenen aufrecht zu erhalten, die bereits am Unterricht teilnehmen;
d) Bildungsbarrieren.

Die Erwachsenenbildung als Faktor der kulturellen Entwicklung

48. Die Rolle der lebenslangen Bildung als Faktor für die kulturelle Entwicklung wurde besonders unterstrichen.

49. Es wurde festgestellt, daß sich lebenslange Bildung und kulturelle Entwicklung nicht trennen lassen und daß sie zwei Aspekte des gleichen Problems darstellen, d. h. der Heranbildung freier Menschen in einer sich ändernden Gesellschaft.

50. Die kulturelle Entwicklung wurde verstanden als Mobilisierung aller physischen und geistigen Kräfte des Menschen in Hinblick auf die Bedürfnisse des einzelnen und der Gesellschaft. Sie ist als ein, das ganze Leben andauernder Prozeß zu verstehen. Ihre Orientierung erfolgt nach den Normen, welche für die unterschiedlichen Länder, Kreise, Gruppen oder Individuen gelten.

51. Es gibt mehrere Wege, diese Entwicklung zu erreichen: Die Schaffung neuer Werke, die Erhaltung oder Renovierung alter Werke, die ausgedehnte Verbreitung technischer, wissenschaftlicher, künstlerischer und geistiger Produktionen, vor allem aber die aktive Teilnahme der Menschen aller Lebenskreise an diesen schöpferischen Tätigkeiten. Sie bedürfen der Hilfe von Agenturen und Vermittlern, welche in jenen soziokulturellen Gruppen aufzuspüren sind, die angeregt und sensibilisiert werden sollen.

52. Indem die Erwachsenenbildung versucht, den Bestrebungen und Bedürfnissen der Individuen, aber auch den Notwendigkeiten der wirtschaftlichen, gesellschaftlichen und kulturellen Entwicklung der Gemeinschaft zu entsprechen, erfüllt sie auch eine schöpferische Funktion. Sie hat einen Beitrag zur ästhetischen, moralischen, gesellschaftlichen und staatsbürgerlichen Bildung des Menschen zu leisten. Sie muß Geschmack, Urteilsfähigkeit und kritischen Geist fördern; sie muß positive Einstellungen ermutigen, indem sie jenen inneren und äußeren Kulturtendenzen entgegentritt, die Krieg, Gewalt, Rassismus oder Herrschaft propagieren. Sie muß das Schöpferische in den Vordergrund rücken.

53. Dadurch entstehen eine Reihe sehr unterschiedlicher und komplexer technischer Probleme wie z. B.
– die Schaffung einer geeigneten Infrastruktur (Kulturzentren, Büchereien, Museen, Sportclubs, audiovisuelle Zentren usw.), die besonders dadurch notwendig wird, daß in den industrialisierten Ländern die Urbanisierung immer schneller voranschreitet.
– die Ausbildung von Fachleuten der Bildung und von sog. „Animateuren",
– der überlegte Gebrauch der modernen Masseninformationsmittel,
– die Entwicklung von Maßnahmen, welche die Vorteile von Erwachsenenbildungsprogrammen und der Organisation der Freizeit allen jenen Gruppen bieten, die in dieser Hinsicht relativ isoliert sind, wie z. B. alte Menschen und die ländliche Bevölkerung.

54. Diese Probleme sind schwierig zu lösen, da sie sich nicht aus der Produktion von Gütern ergeben, sondern im wesentlichen von der Tätigkeit der Menschen abhängen. Hier hinkt die wissenschaftliche Forschung noch hinter der Aktion nach, obwohl sie mehr als auf irgend einem anderen Gebiet vorangehen sollte. Dennoch können diese Probleme durch methodische soziologische Forschung gelöst werden. Sie sollte sich als Begleitung und Dienstleistung für die letztlich ethischen Ziele der kulturellen Entwicklung betrachten.

Die Rolle und der Standort der Erwachsenenbildung in integrierten Bildungssystemen im Kontext lebenslanger Bildung

55. Die Konferenz betrachtete es als einen Irrweg, die Sonderstellung der Erwachsenenbildung überzubetonen, da Bildung als ein andauernder Prozeß zu verstehen sei, der alle Altersgruppen angeht. Als eine Phase dieses Gesamtvorganges hat die Erwachsenenbildung bisher immer weniger Unterstützung und Beachtung als die anderen Bildungsphasen gefunden. Solange diese Ungleichheit andauert, wird die Erwachsenenbildung weiterhin eine gesonderte Behandlung verlangen.

56. Bildung umfaßt nicht nur alle Altersgruppen, sie soll auch die vier Mauern des traditionellen Schulzimmers verlassen und die Gesellschaft durchdringen, so daß jeder Ort, wo Menschen zusammenkommen, arbeiten, essen oder spielen, eine mögliche Stätte des Lernens wird. In den kommenden Jahren wird daher die Notwendigkeit zunehmen, informelles Lernen zu identifizieren und zu ermutigen, da es einen wesentlichen Teil des Alltagslebens bildet.

57. Einrichtungen der Bildungsberatung für Erwachsene wurden zu einem unerläßlichen Teil der Erwachsenenbildung erklärt.

Erwachsenenbildung und Schule

58. Um ihre weitergesteckten Ziele zu erreichen, müssen die Schulen die gesamte Lernumwelt in Betracht ziehen. Das Milieu der Gemeinschaft beeinflußt die Lernleistung mehr als Standardmethoden oder physische Möglichkeiten des Lernens. Die Unterschiede zwischen einem guten und schlechten Zuhause, zwischen einer anregenden und einer hemmenden Umwelt sind entscheidender als die Unterschiede zwischen guten und schlechten Schulen. Die Einstellungen und Handlungen der Eltern und anderer Erwachsener sollten daher von Schullehrern, Verwaltern und Erwachsenenbildnern in gleicher Weise beachtet werden. Die Elternbildung ist eine wichtige Aufgabe der Erwachsenenbildung. Selbstverständlich hängt die Erwachsenenbildung natürlich auch von den Schulen ab.

59. Die Tendenz ist unverkennbar, bestehende Einrichtungen gemeinsam von der Erwachsenenbildung und den Schulen benutzen zu lassen. Die Konferenz war der Meinung, daß die Bildungsplaner die besonderen Bedürfnisse der Erwachsenenbildung berücksichtigen sollten, wenn sie neue Schulen oder andere Bildungseinrichtungen planen. Tatsächlich ist dies oft die einzige Möglichkeit, die Erwachsenenbildung in angemessener Weise zu unterstützen. Die traditionelle Abhängigkeit vom Schulsystem birgt allerdings Gefahren, die zu vermeiden sind. Ein integriertes Bildungssystem muß der Erwachsenenbildung eine gleichberechtigte Stellung einräumen. Die Erwachsenenbildung darf nicht von der Schule absorbiert werden; sie hat ihre eigenen Methoden. Für Kinder gedachtes Lehrmaterial hat sich oft für Erwachsene als ungeeignet erwiesen.

60. Die Schulen müssen auf eine lebenslange Bildung vorbereiten. Sie dürfen nicht Selbstzweck sein.

61. Die Konferenz betonte, daß die Erwachsenenbildung viel zur Reform des Schulsystems beitragen kann. Sie kann Ziele und Methoden, welche derzeit für die Schulen charakteristisch sind, beeinflussen, z. B. indem Erwachsenenbildnern ein Platz in jenen Körperschaften eingeräumt wird, die bildungspolitische Entscheidungen treffen.

62. Lehrer aller Stufen sollten fähig sein, als Erwachsenenbildner zu wirken. Lehrerbildungsanstalten und ähnliche Einrichtungen sollten daher Ausbildungsmöglichkeiten in Methoden und Techniken der Erwachsenenbildung bieten und für diesen Zweck besondere Vorkehrungen treffen.

III. Zusammenfassung und wichtigste Schlußfolgerungen

Überzeugt von der dringenden Notwendigkeit, die Bildungsmöglichkeiten innerhalb eines integrierten Systems lebenslanger Bildung auszuweiten, kam die Konferenz zu folgenden einheitlichen Ansichten:

Bildung und menschliche Bedürfnisse

1. Bildung ist in gleicher Weise Produkt der jeweiligen Gesellschaft und eine Kraft, diese zu gestalten. Veränderungen in der Gesellschaft und die Entwicklungsziele der Gemeinschaft ziehen deshalb Veränderungen in den Bildungssystemen nach sich; andererseits führen Bildungsziele zu gesellschaftlichen, wirtschaftlichen, kulturellen oder politischen Reformen. Es ist die Pflicht der Erwachsenenbildner, solche Reformen festzustellen und vorzuschlagen.

2. Keiner Gruppe und keinem Individuum in der Gesellschaft darf der Zugang zur Erwachsenenbildung verweigert werden. Die Teilnahme soll so umfassend wie nur möglich gegeben sein. Daraus ergibt sich die Forderung, Barrieren für den Zugang zu beseitigen und speziell Lernmotivationen der Erwachsenen zu studieren. Es ist besonders zu vermerken, daß viele Erwachsene weder Zeit noch Geld für ihre Bildung haben. Bezahlter Studienurlaub, tageweise Freistellung und Sicherung des Arbeitsplatzes während des Bildungsurlaubs sollten daher durch entsprechende Gesetze gesichert werden. Arbeitslose sollten das Recht auf Berufsausbildung haben und während der Ausbildung einen Lohn erhalten. Arbeiterbildung, die Bildungsarbeit der Gewerkschaften und der Genossenschaften, sollten gefördert werden. Die Erwachsenenbildung sollte in den 70er Jahren ihr Hauptaugenmerk der Entwicklung von Programmen widmen, die den Bildungsbedürfnissen der in vielen Gesellschaften traditionell benachteiligten Gruppen entsprechen. Hierbei müssen besonders die arbeitslosen Jugendlichen, die vorzeitigen Schulabgänger in den Entwicklungsländern, die ländliche Bevölkerung in vielen Ländern, die Wander- und Gastarbeiter, die Alten und die Arbeitslosen erwähnt werden. Innerhalb dieser Gruppen sind oft die Mädchen und Frauen besonders benachteiligt.

3. Soll der Zugang zur Erwachsenenbildung ausgeweitet werden, sind Einrichtungen der Bildungsberatung notwendig. Die Erwachsenen müssen die ihnen offenstehenden Möglichkeiten kennen und hinsichtlich der Anforderungen und Folgen besonderer Studienmethoden und verschiedener Programme beraten werden.

4. Die Beseitigung des Analphabetismus ist ein Schlüsselfaktor für jede Entwicklung. Die Alphabetisierung ist ein Grundstein der Erwachsenenbildung. Aber sie ist Mittel zum Zweck, kein Endzweck.

5. Ausmaß und Tempo der in den meisten Ländern notwendigen Entwicklung ländlicher Gebiete verlangen ausgedehnte Möglichkeiten der Erwachsenenbildung, besonders für die Kleinbauern und die Landarbeiter ohne Landbesitz und in engem Zusammenhang mit gesellschaftlichen und wirtschaftlichen Reformen. Auch die industrielle Entwicklung macht Erwachsenenbildungsprogramme notwendig, um die Erwachsenen zu befähigen, an den mit ihr einhergehenden wissenschaftlichen und technischen Veränderungen teilzunehmen und sie mitzubestimmen.

6. Studium und Verständnis der Umweltprobleme einschließlich Erosion, Wasserreinhaltung, Verschmutzung und der Bevölkerungsfragen sollten ein Hauptanliegen der Erwachsenenbildung sein.

7. Die Bildung muß von einem im wesentlichen formalen Vorgang in einen funktionalen umgewandelt werden. Die Erwachsenenbildung muß in das gesellschaftliche Leben integriert werden, indem sie sich mit Arbeit, Freizeit und Bürgerinitiativen verbindet. Wie bei dem Lateinamerikanischen Seminar über Erwachsenenbildung in Havanna im März 1972 erklärt wurde, könnte diese funktionale Rolle folgendermaßen definiert werden:

8. „Die funktionale Erwachsenenbildung ist in den Beziehungen zwischen Mensch und Arbeit (wobei das Wort „Arbeit" im weitesten Sinne zu verstehen ist) begründet und verbindet die Entfaltung des arbeitenden Individuums mit der allgemeinen Entwicklung des Gemeinwesens; sie verbindet die Interessen des Individuums mit jenen der Gesellschaft. Durch funktionale Bildung erfüllt sich daher das Individuum selbst im Rahmen einer Gesellschaft, deren Strukturen und überstrukturelle Beziehungen die volle Entfaltung der menschlichen Persönlichkeiten erleichtern. Die funktionale Bildung befähigt das Individuum, geistige und materielle Güter zu schaffen; gleichzeitig erlaubt sie ihm die uneingeschränkte Freude an seiner schöpferischen Arbeit. So gesehen entspricht funktionale Erwachsenenbildung weitgehend der Zielvorstellung von Erziehern in der ganzen Welt, die ihre Arbeit wirkungs-

voll gestalten wollen. Ihre Verwirklichung und Wirkung werden aber gehemmt, wenn zwischen den sogenannten Subsystemen einer bestehenden Gesellschaft keine wechselseitigen Hilfsbeziehungen bestehen. Sie wird jedoch bedeutend erleichtert, wenn diese Subsysteme harmonisch verflochten sind und einander gegenseitig unterstützen."

Teilnahme

9. Da die Teilnahme von Menschen an der Basis entscheidend ist, sollten die lernenden Erwachsenen eine aktive Rolle bei der Planung, Leitung und Durchführung ihrer eigenen Studien spielen. Erwachsenenbildner sollten daher die Menschen in ihrer eigenen natürlichen Umgebung ansprechen, so daß sich diese Erwachsenen sicher und echt motiviert fühlen können.

10. Damit den Erwachsenen lohnende Gelegenheiten zur kreativen Teilnahme am kulturellen Leben ihrer Gemeinschaft zugänglich gemacht werden können, sollte den kulturellen Bereichen der Erwachsenenbildung besondere Aufmerksamkeit geschenkt werden; Erwachsenenbildung und kulturelle Entwicklung hängen voneinander ab.

11. Die traditionelle Lehrer-Schüler-Beziehung sollte in eine Partnerschaft umgewandelt werden, welche auf Teilnahme und wechselseitigem Lernen aufbaut und in welcher die Anwendung von Kenntnissen und Methoden der Problemlösung im Vordergrund stehen.

Der Einsatz der Massenmedien

12. Die Massenmedien sollten stärker und fachkundiger zur Sicherung des wirtschaftlichen, gesellschaftlichen und kulturellen Fortschrittes eingesetzt werden. Bei diesem Einsatz sollte das öffentliche Interesse über den kommerziellen und privaten Interessen stehen. Die Mitsprache der erwachsenen Lernenden auf den verschiedenen Ebenen der Gestaltung der Bildungsprogramme der Massenmedien sollte verstärkt werden.

Verwaltung, Organisation und Finanzierung

13. Die Regierungen müssen sich der Erwachsenenbildung verpflichtet fühlen und sollten ihr einen Status zuerkennen, der dem des formalen Schulsystems gleich ist. Die Mitgliedstaaten sollten daher in ihren Budgets die Mittel für Erwachsenenbildung bedeutend erhöhen. Internationale Einrichtungen und Organisationen wie die UNESCO und bilaterale Stellen für gemeinsame

Entwicklungsarbeit sollten einen wesentlich größeren Teil ihrer Mittel der Erwachsenenbildung widmen.

14. Die Stärke der Erwachsenenbildung liegt in ihrer Vielfalt. Die Funktionen der Erwachsenenbildung sollten weit gestreut in der gesamten Gesellschaft durch Einrichtungen und Organisationen wie Gewerkschaften, Regierungsstellen, Betriebe, landwirtschaftliche Stellen und Genossenschaften wirken. Die entscheidende Rolle der freien Organisationen und Volksbewegungen in der Erwachsenenbildung sollte weiterhin von den Regierungen anerkannt werden. Sie können oft die bildungsmäßig Benachteiligten erreichen und gewinnen, wo dies öffentlichen Stellen unmöglich ist. Darüber hinaus sind Bemühungen notwendig, die Zusammenarbeit von Institutionen der Erwachsenenbildung aller Ebenen zu verwirklichen.

15. Um die Schaffung eines funktionalen Systems lebenslanger Bildung zu erleichtern, sollten die Schulen mit dem ganzen Gemeinwesen verbunden sein. Die Schule sollte nur als eine von vielen Lernstätten betrachtet werden. Ihre Hauptaufgabe sollte es sein, die Schüler das Lernen zu lehren.

16. Erwachsenenbildner sollten in bildungspolitischen Gremien angemessen vertreten sein und Lehrer aller Art zumindest eine gewisse Ausbildung in Methoden und Techniken der Erwachsenenbildung erhalten.

17. Die Rolle der Universitäten in der Erwachsenenbildung sollte ausgeweitet werden. Auf formale Aufnahmequalifikationen für die Universitäten aufgrund von Schulprüfungen sollte verzichtet werden, damit Erwachsene mit den notwendigen Kenntnissen und Fähigkeiten, die sie durch erwachsenengemäße Schemata oder in anderer Weise erworben haben, eine Gelegenheit zum Studium erhalten. Die Universitäten sollten ihre Forschungs- und Lehraufgaben mit Bezug auf die Bedürfnisse der gesamten Gesellschaft und nicht nur auf die privilegierter Gruppen bestimmen und erfüllen.

18. Der Erwachsenenbildung als eigener Disziplin sollte ein angemessener akademischer Status eingeräumt werden. Es müssen mehr hauptberufliche Erwachsenenbildner ausgebildet und die Forschung auf dem Gebiet der Erwachsenenbildung intensiviert werden. Diese Forschung sollte problemorientiert und interdisziplinär konzipiert sein.

Internationale Zusammenarbeit

19. Internationale Zusammenarbeit und der Meinungsaustausch auf dem Gebiet der Erwachsenenbildung sollten ermutigt werden. Dabei verdienen

die Bedürfnisse und Probleme der Dritten Welt besondere Beachtung. Die enge Verbindung zwischen Erwachsenenbildung und der Förderung des Weltfriedens muß besondere Beachtung finden.

20. Regelmäßige formalisierte Beratungen und gemeinsame Aktionen der verschiedenen internationalen Stellen und Körperschaften, die Programme der Erwachsenenbildung durchführen, erscheinen notwendig. Regionale Zusammenkünfte über Erwachsenenbildung sollten besonders in der Dritten Welt abgehalten werden.

Die Konferenz unterstrich folgende *Schlußfolgerungen:*

21. Das Lernen ist lebenslang; die Bildung von Erwachsenen und Kindern läßt sich nicht trennen. Um aber eine wirkungsvolle Kraft der Veränderung zu sein, muß jede Bildungsarbeit die aktive Teilnahme und Mitarbeit der Erwachsenen zum Ziele haben. Sie sollte versuchen, die Lebensbedingungen und die allgemeine Qualität des Lebens zu verbessern. Apathie, Armut, Krankheit und Hunger sind für die Menschen die Hauptübel der heutigen Welt. Sie können nur beseitigt werden, indem man den Menschen deren Gründe und Möglichkeiten ihrer Beseitigung bewußt macht. Soziale Verbesserungen und Erwachsenenbildung ergänzen daher einander.

22. Die sich weitende Kluft zwischen den Nationen, Gruppen und Individuen ist die größte moralische Aufforderung unserer Zeit. Die Überbrückung der Kluft ist mehr als eine Frage der sozialen Gerechtigkeit. In einem Zeitalter ständig zunehmender wechselseitiger Abhängigkeit zwischen den Staaten und steigender menschlicher Wünsche ist sie eine wirtschaftliche Notwendigkeit und eine Vorbedingung des Weltfriedens.

23. Diese Ungleichheit ist auch auf die ungleiche Verteilung des Wissens zurückzuführen. Das Problem kann nicht einfach durch die Ausweitung der bestehenden Bildungsmöglichkeiten gelöst werden. Die Erfahrungen zeigen, daß das Angebot von mehr Bildung in den meisten Gemeinschaften zu einer Begünstigung der ohnehin schon Gebildeten führt. Die bildungsmäßig Benachteiligten haben aber einen Anspruch auf ihre Rechte. Die Erwachsenenbildung ist keine Ausnahme dieser Regel, denn die Erwachsenen, die der Bildung am meisten bedürfen, wurden weitgehend vernachlässigt — sie sind die *vergessenen Menschen.*

24. Daher wird der Erwachsenenbildung während der Zweiten Entwicklungsdekade der Vereinten Nationen als Hauptaufgabe gestellt, diese *vergessenen Menschen* ausfindig zu machen und ihnen zu dienen.

IV. Berichte der Kommissionen

A. *Bericht der Kommission I*

1. Die Kommission hielt ihre erste Sitzung am 24. Juli unter dem Vorsitz von Nasser Movafaghian (Iran). Sie wählte Dr. Raúl Ferrer Perez (Kuba) und W. L. Renwick (Neuseeland) als Stellvertretende Vorsitzende und Marcel Hicter (Belgien) als Berichterstatter.

2. Die Kommission behandelte in 10 Sitzungen die Tagesordnungspunkte 8.1. und 8.4. In der Diskussion dieser Punkte folgte die Kommission dem Kapitel III, Abschnitt A und D, des Hauptarbeitspapiers „Erwachsenenbildung im Kontext der lebenslangen Bildung" (UNESCO/CONFEDAD/5). Sie benützte auch das Dokument „Ein rückschauender internationaler Überblick über die Erwachsenenbildung – Montreal 1960 bis Tokio 1972" (UNESCO/CONFEDAD/4) und die kommentierte Tagesordnung (UNESCO/CONFEDAD/3).

3. In zahlreichen Stellungnahmen beglückwünschten die Delegationen den Generaldirektor der UNESCO hinsichtlich des hohen Niveaus der vorbereitenden Konferenzunterlagen.

Tagesordnungspunkt 8.1.:
Planung, Organisation und Finanzierung

Formulierung der Aufgaben der Erwachsenenbildung im Rahmen der Gesamtplanung

4. Die Mehrheit der Diskussionsteilnehmer hielt es für notwendig, über die allgemeine Formulierung von Philosophie und Zielen durch das Plenum hinauszugehen, da die Probleme der Planung, Organisation und Finanzierung angesichts der großen Unterschiede in den politischen, wirtschaftlichen, gesellschaftlichen und kulturellen Voraussetzungen sehr differenziert sind.

5. Allgemeine Übereinstimmung herrschte allerdings darüber, daß die Zukunft der Erwachsenenbildung im Kontext lebenslanger Bildung liegt. Diese

allein garantiert die notwendige Offenheit, alle Lebensbereiche zu erfassen und das Leben des Menschen nicht in unzusammenhängende Teile zu zerreißen. Sie unterscheidet sich hier von der Schule, die in vielen Ländern ein hinsichtlich Zeit und Inhalt geschlossenes System darstellt.

6. In der Erwachsenenbildung muß der Mensch Subjekt und nicht Objekt der Bildung sein. Diese Feststellung erscheint notwendig, da die Terminologie der Erwachsenenbildung selbst nicht ohne Zweideutigkeit ist. So wird im britischen Sprachgebrauch zwischen „Erwachsenenbildung" und „Bildung von Erwachsenen" unterschieden.

7. Im folgenden seien die Aufgaben angeführt, die im Laufe der Diskussionen der Erwachsenenbildung zugeteilt wurden:

a) Sie ist ein Instrument der Bewußtseinsweckung, der Veränderung und der Sozialisation und kein Instrument der Integration im Sinne einer Manipulation marginaler Gruppen; kein Instrument des Konformismus, sondern ein Instrument der Interpretation in dem Sinne, daß sie durch tägliche soziale Praxis dazu beiträgt, eine Bildungsgesellschaft zu schaffen, welche sich der Werte nationaler Solidarität bewußt ist und von Mitbürgern geleitet wird, deren gesellschaftliches Bewußtsein sich mit der Gesellschaft weiterentwickelt. Nur soziale Motivation bringt die Massen zum Kampf gegen den Analphabetismus in Bewegung. Es sind die in den bescheidensten Lebensverhältnissen lebenden Menschen, die ihr Milieu verändern müssen, indem sie ihre Kräfte mobilisieren und sich die Voraussetzungen und Methoden selbständigen Lernens aneignen. Jeder einzelne kann und muß sich selbst und seine Mitmenschen bilden.

b) Sie ist ein Instrument zur Vorbereitung des einzelnen auf produktive Betätigungen, indem sie jedermann Kurse anbietet, durch die er seine beruflichen Qualifikationen in Hinblick auf die Notwendigkeiten der Gesellschaft verbessern kann.

c) Außerdem ist sie ein Mittel der Vorbereitung für die Beteiligung an und der Führung von Unternehmungen.

d) Sie ist ein Instrument der Entfaltung des ganzen Menschen. Sie umschließt damit die Bereiche Arbeit und Freizeit, ebenso wie seine Teilnahme am politischen Leben, am Leben der Familie und an der Kultur. Sie dient der Weckung und Entdeckung seiner physischen, moralischen, geistigen und seelischen Qualitäten. Erwachsenenbildung und kulturelle Entwicklung sind zwei Teile eines umfassenden Prozesses, und es ist dringend notwendig, sie zu integrieren.

e) Durch die Entwicklung von Einstellungen, die eine Befreiung von wirtschaftlichen und kulturellen Versklavungen und Entfremdungen anstreben, bereitet sie die Verwirklichung einer nationalen, freien und selbständigen Kultur vor, und trägt zum Bewußtsein der nationalen Einheit bei.

8. Die wissenschaftliche Revolution und ihre technologische Auswirkung revolutionierte die Produktion, die Organisation und die Qualifikationsvoraussetzungen und stellt den Menschen in eine dynamische Situation der ständigen Zivilisationsveränderung. Die industrielle Zivilisation, in manchen Ländern bereits allmählich überwunden, erforderte direkt Arbeitskräfte, die Tag für Tag an den Türen der Fabriken gebraucht wurden. In der wissenschaftlichen Zivilisation sind kreative Tätigkeit, Weckung von Begabungen und schöpferische Kräfte in steigendem Maße vonnöten. Die Bedeutung des Faktors Mensch muß in gleichem Maße zunehmen wie der Umfang der technischen Faktoren. Bereiche, die nicht unmittelbar mit der Produktion verbunden sind, werden unerläßlich: Die Kultur der Massen, Konsum und Dienstleistungen, Gesundheitswesen, Tourismus, zwischenmenschliche Kontakte, Zusammenarbeit, Freizeit, ein ganzes Netzwerk für die Gestaltung des gesamten Lebens, Glück – alles dies ist direkt mit den produktiven Kräften des Fortschritts verbunden.

9. Daraus ergibt sich die Wichtigkeit von Investition in die Menschen selber. Jedes Versäumnis in Hinblick auf eine größtmögliche Entfaltung der schöpferischen Kräfte wird zur ökonomischen Verschwendung, sobald sich die Menschen selber mit ihren Erfindungen in den einfachen Produktionsfunktionen ersetzen und sich aus der Zone unmittelbarer und elementarer Bedürfnisbefriedigung befreien. Die Entfaltung des Menschen wird zum Ziel in sich, da die Grenzen des menschlichen Kapitals den Fortschritt der Gesellschaft stärker einschränken als jene des Finanzkapitals.

10. Die Industriegesellschaft hat zuerst zwischen Zivilisation und Kultur eine Kluft gerissen und sie dann in einen Konflikt gebracht, den es nun zu verringern gilt. Kultur wird nicht mehr nur Randerscheinung des Lebens bleiben können, sondern dessen unmittelbarer Mittelpunkt werden müssen. Befürchtungen, daß zuviel in die Menschen investiert werden könnte, sind nicht mehr am Platz.

11. So gesehen ist es ein Beweis mangelnder Einsicht, wenn die Erwachsenenbildung weiterhin als Luxus oder als eine Randtätigkeit betrachtet wird. Erwachsenenbildung ist einer der unerläßlichen Faktoren wirtschaftlicher Entwicklung und der notwendige Motor für alle Vorgänge, die nach und nach von der Entfaltung der menschlichen Kräfte zur Entwicklung der Produktion und von dort zur Hebung des Lebensniveaus führen, dessen zivilisierende Kraft man nicht leugnen kann.

12. Daraus ergibt sich, daß jede Erwachsenenbildung mit einem Akt des Glaubens an die Demokratie begann, und dieser Glaube verlangt vordringlich die Demokratisierung der Strukturen, der Methoden, der Programme, des Zugangs und der Planung der Erwachsenenbildung selbst. In den industrialisierten Gesellschaften erlebt man die Entwicklung einer zwielichtigen Welt der Alten, der sozial Benachteiligten und der Gastarbeiter. Ganze Bereiche werden, wirtschaftlich gesehen, der Rentabilität von Investitionen einer profitorientierten Wirtschaft geopfert und dadurch vor Probleme gestellt, die jenen der Entwicklungsländer ähneln. Eine Demokratisierung der Erwachsenenbildung, welche der Entfaltung des Individuums und der Gemeinschaft dienen will, muß für die konkrete Demokratie zum Wohle der am meisten Benachteiligten kämpfen. Sie muß die Gefahr vermeiden, durch einen Kulturkapitalismus derjenigen, die schon ausgebildet sind, und durch jene, die vom Schul- und Wirtschaftssystem bevorzugt wurden, von ihnen entfremdet zu werden, sonst würde wieder ein elitärer und selektiver Typ der Erwachsenenbildung eingeführt werden. Die Erwachsenenbildung wird demnach charakterisiert durch den offenen Zugang, durch aktive Teilnahme, durch ihre soziale Funktion im Rahmen kollektiver Bildung und durch Dezentralisation.

13. Im gleichen Geist der Demokratisierung und angesichts der wissenschaftlich bestätigten empirischen Feststellungen, daß die Kinder aus den gesellschaftlich und kulturell benachteiligten Schichten sowohl emotionell wie auch intellektuell Mängel aufweisen, wird die Elternbildung zu einer vordringlichen Aufgabe, vor allem hinsichtlich der Einstellungen zur Erziehung während der ersten 4 Jahre des Lebens, der grundlegenden Jahre für die Entwicklung der Persönlichkeit, der geistigen Fähigkeiten und des Charakters der Kinder. Dies gilt ganz besonders für das 1. Lebensjahr. Ein ausgebautes Netz von Elternschulen, die die Eltern auf die ihnen obliegenden Aufgaben und Verantwortungen vorbereiten, sind für die Demokratisierung unerläßlich.

14. Zusammenfassend können wir als Leitlinie für unsere weiteren Überlegungen zusammenfassen: Die Erwachsenenbildung ist ein System kultureller und damit ökonomischer Selbstentwicklung des einzelnen und der Gemeinschaft, in welcher er lebt.

Einzelne Faktoren und unterschiedliche Praxis

Die Erwachsenenbildung und ihre Beziehungen zur formalen und schulischen Erziehung

15. Einige entwickelte Länder haben nachdrücklich und klar festgestellt, daß sie keine Krise ihres Schulsystems sehen und daß bei ihnen von seiten der Jugend, der Lehrer und der Eltern keine Einwände gegen das Schulwesen vorliegen. In einer derart bevorzugten Situation scheint es normal, die Schule in ihrer bestehenden Form zu erhalten, die Politik einer Institutionalisierung der Erwachsenenbildung zu verfolgen und der Schule eine eindeutige Rolle in der Vielfalt der Typen der Erwachsenenbildung anzuvertrauen, sowie neue Typen der außerschulischen Bildung zu entwickeln, deren Strukturen, Techniken und Methoden der Wissensvermittlung und Weiterbildung mit geringfügigen Veränderungen das Lehrer/Schüler-Verhältnis aufrechterhalten.

16. In anderen entwickelten Ländern hat sich ein derartiges Mißtrauen gegen die Schulen entwickelt, daß viele Menschen behaupten, daß sich grundsätzliche Veränderungen nicht mehr aus den derzeitigen Schulsystemen ergeben können. Diese sind zwar zu Verbesserungen fähig, aber lediglich innerhalb der Logik ihrer eigenen Strukturen. Den Praktiken, Werten und dem technischen Instrumentarium aller alten Systeme wohnt immer eine gewisse Trägheit inne. Der Anstoß zu den notwendig gewordenen Veränderungen kann nurmehr von außen kommen. Von einem neuen, informellen, nichtschulischen System, dessen Organisation und Methoden zur Erreichung kultureller, politischer und praktischer Ziele die Grenzen der Schule überschreiten. In diesen Ländern spricht man immer weniger von einer Umformung der Schule und immer mehr von einer grundsätzlichen Veränderung des Systems. Die Schule müsse entschult und die Erwachsenenbildung nichtschulisch gestaltet werden. Die Universität müsse zu den Menschen gehen, dorthin, wo diese leben und arbeiten, nicht umgekehrt.

17. Dieselben Gegensätze, aber anders motiviert, finden sich in den Entwicklungsländern wieder. Manche sagen, seit die Erwachsenenbildung einen Teil des umfassenden Systems bilde, gebe es zwischen Schule und außerschulischer Bildung keinen Gegensatz mehr. Manche Länder werden durch diese Angriffe auf die Schule erschreckt, da sie vordringlich noch darum kämpfen, 50 Prozent ihrer Kinder in die Schule zu bringen, die bisher noch außerhalb stehen. Für sie ist die Schule noch eine Hoffnung. Andere, fortgeschrittenere Länder errichten Arbeiteruniversitäten, die ihre Tätigkeiten möglichst oft an die Arbeitsstätten verlegen. Andere erklären noch immer ihren Wunsch, das

ganze Konzept der Schule zu überwinden. Sie wollen die Bildungsprivilegien beseitigen, die den Volksmassen ohnehin verweigert werden. Auf der Suche nach neuen befreienden Strukturen organisieren sie die allgemeine Befreiung des Lernens, indem sie alle ihre Formen anerkennen. Sie fördern im Bereich von Distrikten und Kommunen die Entstehung von kommunalen Bildungszentren, und sie erklären, daß um jeden Preis vermieden werden muß, daß außerschulische Bildungsprogramme als Entschuldigung dafür verwendet werden, die immer monströser und paralysierender werdenden Schulsysteme aufrecht zu erhalten, die für sich allein ein Viertel oder ein Drittel des Budgets eines Landes verschlingen. Eine Schwierigkeit entsteht durch den Versuch einer gleichzeitigen Verwirklichung der Erwachsenenbildung und der unerläßlichen allgemeinen Schulbildung, obwohl letztere von manchen eher unter dem Aspekt der Sozialasten, als unter dem sozialer Vorteile gesehen wird. Als Begründung wird angegeben, daß viele Schulen importiertes Konsumverhalten verbreiten, das die Masse der jungen Menschen von produktiver Arbeit und vom Lohnverdienst weg- und zur Anstellung im öffentlichen Dienst hinführt. Die Gründe liegen in der Verbreitung von modischen Denk- und intellektuellen Verhaltensweisen, die nicht den Entwicklungsnotwendigkeiten entsprechen und z. B. zur Beschleunigung der Landflucht führen.

18. Andere Länder schließlich, in denen entwickelte industrielle Gebiete neben ländlichen weit zurückgebliebenen Zonen bestehen, haben Subsysteme entwickelt, denen im Rahmen einer umfassenden, permanenten Bildung klar definierte Funktionen zugeteilt werden. Die Schule spielt dort eine wichtige Rolle auf dem Gebiet der Allgemeinbildung der Erwachsenen, indem sie den Menschen für das Verständnis seiner Gemeinschaft und der Welt unerläßliche Kenntnisse vermittelt.

Die Beziehungen der Erwachsenenbildung zu den Betrieben

19. In den Ländern, wo die Erwachsenenbildung stark institutionalisiert und auf nationaler Basis koordiniert ist, läßt sich feststellen, daß die Betriebe einen festen Standort und eine klare Funktion im Gesamtsystem einnehmen. Als eine Art Brücke übernehmen sie zwischen Schule und außerschulischer Erziehung die Ausbildung beruflicher Fähigkeiten für bestimmte Beschäftigungen bzw. sie passen diese Fähigkeiten den zeitgemäßen Anforderungen an und öffnen den Zugang zu verantwortlichen Stellungen innerhalb des Betriebes.

20. Dieselbe Politik wird in anderen Ländern verfolgt. Jedoch, seit man dort feststellte, daß die Schule nicht fähig ist, mit der technologischen Ent-

wicklung Schritt zu halten und eine Bildung zu vermitteln, die den Anforderungen bestimmter Berufe entspricht, ziehen diese Länder es vor, den Betrieben diese Aufgabe zu übertragen. Sie tun dies, um sicherzustellen, daß in der Einführungsstufe eine Aneignung, Entwicklung und Auffrischung bestimmter beruflicher Fähigkeiten erfolgt, sowie auf der zweiten Stufe eine spezialisierte Ausbildung. Der außerschulischen Erwachsenenbildung mit ihrer größeren Flexibilität wird die Verantwortung für die ergänzende berufliche Fortbildung überlassen.

21. In anderen Ländern wiederum profitiert die Erwachsenbildung in den Betrieben selber von den Vorteilen eines engen Kontaktes mit dem Arbeitsleben. Diese Länder versuchen, die Bildung enger mit der Praxis zu verbinden und die Berufsausbildung möglichst in die Betriebe selbst zu bringen. Man geht in diesen Ländern davon aus, daß der Betrieb die bestmögliche Umwelt bietet, in welcher durch die Ausbildung soziale Veränderungen herbeigeführt werden und die Bereitschaft entwickelt werden kann, die Ausbildung fortzusetzen. Sie betonen jedoch, daß dieses Ziel nur erreicht werden kann, wenn die Arbeiterorganisationen an Vorbereitung und Durchführung der Programme beteiligt werden. Sie unterstreichen auch die Wichtigkeit, eine Bildung anzubieten, welche über die reine Berufsausbildung hinausgeht.

22. Andere Länder sind jedoch gegenüber solchen Entwicklungen wegen der damit verbundenen Gefahr einer Unterwerfung der Arbeiter durch die Unternehmer skeptisch; nicht nur hinsichtlich der Freiheit gegen diese aufzutreten, sondern auch weil eine solche Ausbildung schnell überholt ist, wenn sie ausschließlich spezifischen Betriebserfordernissen angepaßt wird und nicht die notwendige Vorausschau auf kommende Anforderungen einbezieht.

23. Schließlich gibt es Länder, die trotz der Beauftragung der Unternehmungen mit ganz bestimmten Ausbildungsaufgaben der Überzeugung sind, daß der Staat im Falle von Arbeitslosigkeit oder wirtschaftlicher Rezession ergänzende Formen der Erwachsenenbildung anbieten muß, wenn diese von den Unternehmungen nicht mehr übernommen werden können. Außerdem muß sich der Staat der Bildung Benachteiligter und verheirateter Frauen annehmen, die, wenn ihre Kinder erwachsen sind, wieder in das Berufsleben eintreten möchten.

Staat und private Initiative

24. Verschiedene Länder schilderten eine große Zahl unterschiedlicher Einstellungen. Unterschiedlich, je nach ihrem wirtschaftlichen und bildungsmäßigen Entwicklungsstand und je nach ihrem politischen Kurs.

25. Einige favorisieren die Privatinitiative ganz ausdrücklich als Garantie für die freie Entfaltung von Oppositions- und Minderheiten-Meinungen. Aber sie schlagen nach den Mißtrauensäußerungen der Universitäten und der Jugend gegenüber der manipulierenden Staatsmacht vor, daß die besondere Funktion des Staates darin liegen müsse, Rahmengesetze zu erlassen, innerhalb derer die formellen Freiheiten ausgeübt werden können. Im Gegensatz dazu sehen andere in der staatlichen Verwaltung eine Effizienz-Garantie insofern, als der Staat alle notwendigen Schritte unternimmt, um die Kooperation zwischen den sozial motivierten Massen und den politischen Autoritäten sicherzustellen. In anderen Fällen wird vom Staat verlangt, daß er mit der Partei und ihren freiwilligen Organisationen zusammenarbeitet, die ihrerseits Programme auf der unteren Ebene ausarbeiten und sie jeweils von den zuständigen Stellen anerkennen läßt. Der Staat kann sich dem Recht und der Pflicht zur Ordnung der Dinge in den Ländern nicht entziehen, wo der Zugang zur Bildung ein verfassungsmäßig garantiertes Recht ist.

26. Andere Länder wiederum nehmen eine nuanciertere Haltung ein. Eine Reihe unabhängiger politischer, philosophischer, religiöser und gewerkschaftlicher Organisationen existieren nebeneinander, während der Staat sowie lokale und regionale Behörden lediglich Darlehen, Subventionen und Zuschüsse zu den Honoraren, Grundstücken und Ausbildungsstätten für „animateure" bereitstellten. Freie Trägerorganisationen werden auf allen Ebenen konsultiert. Eine allgemeine Forderung der freien Trägerorganisationen ist es, daß der entscheidende Nutzen freiheitlich organisierter, unterschiedlicher Tätigkeiten von den Behörden anerkannt wird und daß die Gewährung von öffentlichen Unterstützungen ihre Freiheit in keiner Weise einschränken dürfe. Ihre Ziele selbständig festzulegen und die Programme durchzuführen, sind Aufgaben, die allein in die Zuständigkeit dieser Organisationen fallen. Vor allem auf lokaler Ebene sind die freien Organisationen nicht zu entbehren, da nur durch sie die Mitarbeit einer großen Zahl freiwilliger und engagierter Animateure sichergestellt werden kann.

27. Auch von dem Experiment einer systematischen Koordination der Erwachsenenbildung wurde berichtet, bei dem Vertreter des Staates, der regionalen und lokalen Behörden und der freien Organisationen zusammenarbeiten. Allerdings stehen die Organisationen dabei oft wegen ihrer unterschiedlichen Ausgangspositionen vor der schwierigen Aufgabe, vor den Verhandlungen mit den Verwaltungsstellen zu einer gemeinsamen Stellungnahme zu kommen.

28. Allgemein ist man überzeugt, daß zwar die öffentliche Hand den freien Organisationen große Hilfe bei der Ausbildung ihrer technischen Animateu-

re leisten oder sie dabei unterstützen kann, doch dürfte die Ausbildung der Führungsstäbe, welche die Ziele der Organisationen festzulegen haben, allein die Aufgabe der freien Organisationen selber sein.

29. Schließlich gibt es eine große Zahl von Ländern, die über sehr unterschiedliche Typen nationaler Ausbildungsstätten für ihre Führungsstäbe sowie über sehr unterschiedliche, nationale, regionale und lokale Beratungs- und Koordinationsgremien verfügen.

Forschung und Methodologie der Planung

30. Es war die allgemeine Erkenntnis, daß das vorhandene, begriffliche und technische Handwerkszeug unzulänglich ist und daß ein dringender Bedarf an vorbereitender oder mit der Planungsarbeit parallel laufender Forschung auf dem Gebiet der Methodologie besteht. Ihre Dringlichkeit ist angesichts der Vielfalt derzeit gebräuchlicher Methoden und Verfahren um so größer, da auch die verwendeten Definitionen unklar sind und statistisches Material fehlt.

31. Die Frage der Statistik ist besonders wegen der angewandten Methoden, der Terminologie und der Klassifizierungssysteme kompliziert.

32. Das statistische Büro der UNESCO ist soeben dabei, ein internationales Klassifizierungssystem für die formale Bildung zu entwickeln. ISCED (International Standard Classification of Education) arbeitet an einer Klassifikation für die Schulstatistik sowie für die der formalen Erwachsenenbildung.

33. Für die informelle Erwachsenenbildung besteht derzeit keinerlei internationales Klassifikationssystem und die Kommission hofft, daß die UNESCO entsprechende Arbeiten aufnehmen kann.

34. In Ergänzung und parallel zu den Problemen der Planung unterstrich die Kommission die Notwendigkeit von Forschungen über die vielfältigen Formen der Teilnahme auf verschiedenen Ebenen und in verschiedenen Bereichen des Gemeinwesens, über Motivationen, über die Methodologie der Wissenschaftsvermittlung an Erwachsene sowie über die Erarbeitung von Modellsystemen für unterschiedliche Ausgangssituationen und Ebenen.

35. Hinsichtlich der Festlegung von Prioritäten muß festgestellt werden, daß deren Auswahl immer politischen Entscheidungen der Regierungen und Parlamente unterliegt. Vor kurzem wurde jedoch von einer Delegation bei einem Symposium der Entwurf einer Übereinkunft in den Zielsetzungen for-

muliert: Demokratie, wirtschaftliche Sicherheit, gleicher Zugang, besondere Hilfe für die sozial schwachen Gruppen, Forderung an privilegierte Gruppen, die Kosten selber zu tragen, vordringliche Förderung von Gebieten mit rückläufigen ökonomischen Bedingungen, Achtung der Autonomie der freien Organisationen sowie Beachtung der gesamten Entwicklungsproblematik.

36. Es ist notwendig, den Rückstand in der Anwendung von Methoden einer Programmevaluierung aufzuholen und dabei die Hilfe der Universitäten in Form interdisziplinärer Evaluation in Anspruch zu nehmen. Bei der internen und externen Evaluation besteht noch großer Mangel an Analysen hinsichtlich des Unterschiedes zwischen Aufwand und Ertrag.

Planung

37. Alle bisherigen Überlegungen und Annahmen bestätigen die engen Beziehungen zwischen Niveau und Vielfalt der Erwachsenenbildung auf der einen und dem Niveau der technischen, ökonomischen und schulischen Entwicklung auf der anderen Seite.

38. Sie bestätigen auch die Notwendigkeit der Einbeziehung einer Erwachsenenbildungsplanung in die allgemeinen Pläne zur wirtschaftlichen Entwicklung der Länder und Regionen sowie in die gesamte Entwicklungsstrategie.

39. Außerdem muß festgestellt werden, daß eine geplante Koordination nur auf dem Papier besteht. Im allgemeinen ist die Planung der „éducation permanente" von der der Universitäten getrennt. Dies ist um so bedauerlicher, als wissenschaftliche Bildung ganz besonders einer gemeinsamen Planung und Priorität bedarf.

40. Einige Länder jedoch profitieren bereits von den Vorteilen einer solchen Integration in Zwanzig-, Zehn- oder Fünf-Jahresplänen mit einer jährlichen Anpassung in Form gemeinsamer Übereinkünfte zwischen Staat, Partei und Organisationen.

41. Einige Länder treten für eine vertikale und horizontale Integration ein. Der Einbau der Erwachsenenbildung in das Gesamtbildungswesen setzt eine vertikale Integration voraus, die auf umfassender Koordinierung und Planung aller Stufen des Bildungssystems aufbaut. Sie beginnt mit dem Vorschulalter und schreitet über die Volks-, Mittel- und Höhere Schule bis zu den verschiedenen Stufen des Erwachsenseins fort.

42. Horizontale Integration meint die Koordination und Integration der verschiedenen zur Zeit von einer Vielzahl von Organisationen angebotenen

Erwachsenenbildungsprogramme. Sie haben oft keinerlei Kontakt untereinander, so daß der Erwachsene mit seinen verschiedenen Bildungsbedürfnissen vor der Schwierigkeit steht, entsprechende Programme herauszufinden.

43. Praktisch einstimmig wurde eine dezentralisierte Mikroplanung und eine zentralisierte Makroplanung vorgeschlagen. Beide müssen die allgemeinen Bedürfnisse der Gesellschaft wie z. B. Verstädterung, Freizeit und Infrastruktur berücksichtigen. Aber fast überall fehlt es an Studien über die Prioritäten.

44. Es herrschte allgemeine Übereinstimmung in der Auffassung, daß die Verantwortlichen der untersten Ebene an der Ausarbeitung der Pläne teilnehmen sollten, selbst wenn ihre Arbeit ganz unten beginnen muß, um die Zustimmung der Regierung sicherzustellen. Es besteht tatsächlich oft die Gefahr, daß die öffentlichen Stellen sich für die Ausarbeitung von Projekten allein zuständig halten. Wenn die Gewerkschaftsbewegung und -organisation und ihre Bemühungen um eine Ausbildung ihrer Funktionäre und Führungsstäbe im Rahmen der Mitgliedschaft in die Planungsbetrachtungen einbezogen werden müssen, sollte sich diese auf der Ebene sozioökonomischer Bereiche, der ländlichen Bevölkerung sowie der industriellen und städtischen Schichten entwickelt werden.

45. Eine Aktionsforschung im Rahmen der Mikroplanung kann nur interdisziplinär sein, da für die Feststellung der Beziehungen zwischen den Mitgliedern einer Gruppe die Zusammenarbeit von Soziologen, Pädagogen und Sozialarbeitern notwendig ist. In vielen vorstädtischen Gemeinwesen, wo die Beziehungen von Nachbarschaft, Arbeit und selbst der Familie zerstört sind, spielt die Beziehung zwischen Bedarf und Nichterfüllung eben dieses Bedarfs eine bedeutende Rolle.

46. Diese Methode setzt eine empirische Analyse, frei von allen vorgefaßten Meinungen, voraus. Sie unterstellt lediglich, daß der Mensch das Bedürfnis nach Unterstützung durch ein Minimum von Wechselbeziehungen fühlt und daß es Aufgabe der Bildungsarbeit ist, neue Beziehungen aufzubauen, welche die bereits zerstörten nach Möglichkeit ersetzen sollen. Beispiele sind Cafés, Clubs, Mietervereinigungen usw.

47. Es ist notwendig, potentiell verfügbar Hilfsquellen für die Erwachsenenbildung zu erkunden, um sie aktivieren zu können.

48. Bedauerlicherweise neigen die Entwicklungsländer zu einer Reduktion ihrer Vorstellungen von Planung auf die Lösung naheliegender konkreter Probleme. Es gibt zahllose Fälle, in denen der einfache Erwerb einer Wand-

tafel, eines Textbuches oder eines geeigneten landwirtschaftlichen Arbeitsgerätes unlösbare Probleme aufwirft. In der Regel sind die Massen angemessen motiviert, aber es besteht keine Hoffnung, ihre elementaren Bedürfnisse zu befriedigen.

49. Einige Kommissionsmitglieder empfehlen Planung durch Aktion und ein System der relativen Alphabetisierung, das den vorhandenen und sich ständig verändernden Quellen und Bedürfnissen angepaßt ist.

50. Hinsichtlich der öffentlichen Verwaltung von Erwachsenenbildung wird empfohlen, daß alle Anstrengungen unternommen werden müssen, um sie von Bürokratie und Verwaltungsdenken freizuhalten. Administratoren der Erwachsenenbildung, die früher selbst Inspektoren oder Aufsichtsorgane waren, sollten von Begeisterung für die Arbeit erfüllt und in der Lage sein, andere zu animieren. Von der Ebene ihrer Autorität aus sollten sie für eine Zusammenarbeit und Anregung fruchtbarer Beziehungen mit den in der direkten Arbeit stehenden Animateuren werden können.

51. Für den Bereich der Infrastruktur wird empfohlen, die Verschwendung finanzieller Mittel für den Bau gigantischer Schulkomplexe aufzugeben, die, nur für die Schule bestimmt, täglich nach Ende der Schulstunden geschlossen werden. Die öffentliche Hand sollte ermutigt werden, Mehrzweckbauten zu errichten und die Architekten zu bewegen, diese Mehrzweckbauten nach dem Prinzip der „éducation permanente" zu entwerfen, um einen aufeinanderfolgenden oder gleichzeitigen Gebrauch durch Schule und Erwachsenenbildung zu gestatten.

Finanzierung

52. Dieser Problemkreis wurde bereits von einem anderen Gesichtspunkt aus in den Abschnitten über die Beziehungen zwischen den Betrieben und der Erwachsenenbildung und über die Beziehungen zwischen Staat und freiwilligen Organisationen behandelt. In verschiedenen Ländern mit zentralisierter Struktur spielt der Staat die Rolle eines Schatzmeisters hinsichtlich der Ausgaben für die Infrastruktur und die Durchführung der Programme. Die Aktionen des Staates werden von Wohlfahrtsfonds flankiert, die von Arbeitnehmerorganisationen und landwirtschaftlichen Genossenschaften für die Mitarbeiterfortbildung zur Verfügung gestellt werden. Darüber hinaus besteht ein gut organisiertes System von materiellen Anreizen, z. B. ein besonderer bezahlter Bildungsurlaub (zusätzlich zu dem bezahlten Urlaub), Deckung der Reisekosten, Belohnung für die erfolgreiche Ablegung von Prüfun-

gen usw. Die Länge des Bildungsurlaubs richtet sich nach dem Umfang der Ausbildungskurse (von 3 bis 100 Tagen) und nach dem Niveau der Studien. Solche Anreize werden sowohl Handarbeitern als auch den geistigen Arbeitern mit Universitätsniveau gegeben.

53. In Zusammenhang mit den Abendkursen wurde sehr unterstrichen, daß die Arbeiter häufig ermüdet sind und nach der Tagesarbeit in der Fabrik oder auf dem Feld kaum zu zusätzlichen Leistungen fähig. Außerdem muß Vorsorge getroffen werden, das Familienleben der Betroffenen in besonderer Weise zu schützen.

54. In verschiedenen Ländern mit einem pluralistisch gesehenen Bildungswesen sind besondere Anstrengungen zur Einrichtung eines Bildungsurlaubssystems und der stundenweisen Freistellung festzustellen, dessen Kosten in unterschiedlichem Ausmaß von den öffentlichen Stellen aller Ebenen und von den Betrieben gedeckt werden.

55. In den meisten Ländern sind die Geldmittel jedoch beschränkt, so daß die Erwachsenenbildung nur die Krumen vom gutgedeckten Tisch der Schulen bekommt. Zusätzlich zu den oben erwähnten politischen Gründen muß auf die Tatsache hingewiesen werden, daß die politisch und administrativ Verantwortlichen in den Staaten sich der Aufgaben der Erwachsenenbildung einfach nicht bewußt sind und daß die Ausgaben für die Erwachsenenbildung als Ermessensausgaben betrachtet werden. Die Zahl der Länder ist gering, in denen Höhe und Richtlinien für solche Ausgaben automatisch durch straffe Budgetgesetze geregelt werden, wie dies für die Schulen der Fall ist.

56. Es erfordert keine große Vorstellungskraft, um zu Vorschlägen folgender Art zu kommen: Direkte Beiträge von seiten der Betriebe, neue Abgaben, Steuerbefreiungen, Steuerfreiheit für kulturelle Leistungen und etwa auch die Selbstübernahme von Kosten durch privilegierte Gruppen usw. Die Schwierigkeit des Problems scheint darin zu liegen, daß in den meisten Ländern ein in dieser Höhe nie vorher gekannter privater Wohlstand mit einem Rückgang der öffentlichen Mittel einhergeht. Es läßt sich nicht leugnen, daß viele Länder ein System angenommen haben, das ausschließlich der Befriedigung individueller Wünsche dient, zum Schaden der verschiedenen Gemeinschaftsaufgaben, etwa beim Gesundheitswesen und bei der Kultur.

57. Nur durch die Einführung eines umfassenden integrierten Systems der „éducation permanente", welches dem informellen Teil und dem formalen Teil Gleichberechtigung zugesteht, läßt sich der behelfsmäßige Zustand der Erwachsenenbildung überwinden.

Regionale Aktionen

58. Es gab eine Reihe von Empfehlungen an die UNESCO auf regionaler kooperativer Basis, Zusammenkünfte der verschiedensten Art zu fördern und zu ermutigen mit dem Ziel, die Bestrebungen und Mittel der Länder mit ähnlichem wirtschaftlichem und bildungsmäßigem Niveau und gleicher kultureller Orientierung zusammenzufassen.

59. Einige Delegationen gaben zu bedenken, daß auf regionaler Ebene die Teilnahme auch von Ländern unterschiedlichen ökonomischen und bildungsmäßigen Niveaus von Nutzen sein kann, da der Austausch von Informationen und Erfahrungen das internationale Verständnis fördert.

60. Ein solches regionales Konzept hätte darüber hinaus den Vorteil, die derzeit bedrohten Grundwerte der Zivilisation lebendig zu halten, wie z. B. in Afrika den Sinn für gemeinsame Verantwortung in der Familie, das Gemeinschaftsbewußtsein, die Achtung der alten Menschen usw.

Tagesordnungspunkt 8.4.:
Entwicklung der Erwachsenenbildung durch internationale Zusammenarbeit

Die Bedeutung internationaler Zusammenarbeit für die Erwachsenenbildung

1. Ohne Zweifel hat in der Zeit seit der Konferenz von Montreal die internationale Zusammenarbeit in der Erwachsenenbildung zugenommen; aber ihr Anteil bleibt weiterhin unzureichend. Als Ergebnis zeigt sich hauptsächlich eine Ausweitung der Aktivitäten traditioneller Art, Beispiele für Neuerungen sind aber kaum zu finden. Es ist offenkundig, daß, solange die Erwachsenenbildung auf nationaler Ebene eine Randerscheinung bleibt, sie diese Stellung auch auf internationaler Ebene einnehmen wird. Die Kommission war der Meinung, daß alles getan werden müsse, um eine Ausweitung der Kooperation im Sinne einer Zusammenfassung aller Bemühungen zu erreichen, damit sich ein neuer Geist zwischen Geber- und Nehmerländern entwickeln kann.

Begriffliche Grundlagen der internationalen Zusammenarbeit

2. Zusammenarbeit darf nicht mit einem Prozeß der Verwestlichung der ganzen Menschheit verwechselt werden. Die Entwicklungsländer müssen in ihrem Bemühen, ihre eigene geschichtliche Identität zu finden, alternative Lebensweisen und Wertordnungen anbieten.

3. Eine solche radikale Änderung des Vorgehens ist besonders dringlich angesichts des Eingeständnisses der Entwicklungsländer, daß die Versuche, ihre Gesellschaftssysteme zu modernisieren, gescheitert und ihre eigenen Lebenweisen und Traditionen unwiederbringlich verloren sind.

4. Mit der Entschlossenheit zur Aufrechterhaltung der politischen Selbständigkeit und wissend um die Gefahren eines ökonomischen und kulturellen Neo-Kolonialismus, ist jedes Land für eine Festlegung seiner verschiedenen Prioritäten selbst verantwortlich.

5. Um gleichzeitig eine größtmögliche Mobilisierung aller menschlichen und materiellen Hilfsquellen zu erreichen, muß jedes Land das Gewissen seiner Bürger wecken.

6. Es ist unerläßlich, daß die Kräfte der Erwachsenenbildung in den einzelnen Staaten selbst von ihren Regierungen verlangen, sich in der Zusammenarbeit auf dem besonderen Gebiet der Erwachsenenbildung zu engagieren, so daß die Regierungen der entwickelten Länder auf dieses Gebiet aufmerksam werden, dessen Forderungen bisher zu selten geäußert wurden. Die Wirkung der Zusammenarbeit und deren Ausmaß hängen von der Klarheit der Wünsche ab, die von den Empfängerländern geäußert werden.

7. Besondere Hilfe sollte auf klar umschriebene Projekte konzentriert werden, die voraussichtlich Dauerwirkungen haben werden. Mehr Aufmerksamkeit als der direkten Intervention sollte der Schaffung von Infrastrukturen und der Ausbildung von Menschen für die Ausbildung anderer gewidmet werden. Auf keinen Fall darf sie zu einer Abwanderung in die entwickelten Länder führen.

8. Einige Sprecher unterstrichen nachdrücklich die Notwendigkeit, den Begriff der internationalen Zusammenarbeit auf dem Gebiet der Erwachsenenbildung zu definieren, da die reichen Länder ihn als beschönigenden Ausdruck benutzen, um zu vermeiden, über Hilfe und Wohltätigkeit zu sprechen. Diese Länder erhalten mehr als sie geben. Es ist unmöglich, etwas als Leistung im Dienste humanitärer Verpflichtung zu deklarieren, was in Wirklich-

keit einer Aufrechterhaltung von Strukturen der wirtschaftlichen Abhängigkeit gleichkommt und privaten Monopolen gestattet, die Rohstoffpreise zu bestimmen. Erst wenn die Grundlagen der ökonomischen Zusammenarbeit in Ordnung sind, wird es möglich sein, von einer Kooperation zu sprechen, die den Fortschritt freier Menschen zu einem menschlicheren und bedeutungsvolleren Leben sichert.

Die möglichen Inhalte der Zusammenarbeit

9. Mit der Feststellung, daß in allen Ländern der Bedarf nach technischer Zusammenarbeit anerkannt wird, und daß in den entwickelten Ländern ein entsprechender Wunsch besteht, dieser Notwendigkeit und dem Bedarf nach Austausch nachzukommen, unterstrich die Kommission die Notwendigkeit, die kritischen Punkte herauszustellen, um die Bereiche der Zusammenarbeit definieren zu können. So muß z. B. eine Situation vermieden werden, bei der die Erwachsenenbildung nicht nur zu keiner Demokratisierung führt, sondern die Kluft zwischen den Privilegierten und den Unterprivilegierten noch vergrößert (vgl. den Simpson Report des Europarates, der darauf hinweist, daß im Durchschnitt nur 5 Prozent der arbeitenden Bevölkerung Nutzen aus den Bildungsmöglichkeiten ziehen kann).
Die Länder mit hohem Schulniveau sind die gleichen, welche für sich die wirkungsvollsten Formen der Erwachsenenbildung entwickelt haben. Die Zusammensetzung der Delegierten dieser Konferenz zeigt, daß es hier wie in der Wirklichkeit drei unterentwickelte Bereiche gibt – die Unterprivilegierten, die ländliche Bevölkerung und die Frauen.

10. Es ist notwendig, terminologische Unklarheiten zu beseitigen, die statistischen Kategorien zu klären, und das „International Bureau of Education", Genf, dafür zu gewinnen, die Erwachsenenbildung in die in Vorbereitung befindliche bildungsterminologische Klassifizierung einzubeziehen.

11. Die Kommission stellte ebenso das Bedürfnis nach einer Reihe von Monographien über verschiedene Themenbereiche fest, um z. B. zu ermöglichen die Probleme zu vergleichen, die beim Übergang der Pädagogik zur Andragogik auftreten.

12. Weitere Forschungen sind notwendig. Die folgende Liste ist bei weitem nicht erschöpfend: Die Beziehungen zwischen Ausbildung und Information (welche im Extremfall zu ernsten Entfremdungen führen kann); die Verbindungen zwischen kooperativer Erwachsenenbildung und der Arbeit von Schule und Universität; Quellen und Methoden der Maßnahmenfinanzierung;

eine Definition der Anforderungen auf bestimmten Ebenen; die Typen der Lernerfahrungen usw.

13. Es wurde dringend empfohlen, die Möglichkeiten einer internationalen Zusammenarbeit bei wissenschaftlichen Programmen unter dem Aspekt der Kostensenkung und der Vereinbarung gemeinsamer Standards zu erkunden. Ein weltweites Standardisierungssystem wäre ebenso nützlich wie die systematische Erfassung der internationalen soft-ware-Produktion.

Formen der Zusammenarbeit

Internationale Ebene

14. Den am meisten unterprivilegierten Ländern und den Randschichten muß ein Vorrang eingeräumt werden.

15. Experten und Spezialisten aus den weniger entwickelten Ländern sind vielfach eher in der Lage, sich den Gegebenheiten der Praxis anzupassen und die hohe Theorie mit den Beschränkungen der Alltagspraxis in Einklang zu bringen. Diese Anpassung macht es selbstverständlich, daß die örtlichen Arbeitsbedingungen in den jeweiligen Staaten das Verhalten der Experten und Teams sowie die Auswahl des Lehrmaterials bestimmen. Nicht die Praxis hat sich den Methoden der Experten anzupassen.

16. Es wurde mit Nachdruck empfohlen, Folgeaktionen rechtzeitig mit einzuplanen, damit der Übergang von der Hilfe zur Selbständigkeit erleichtert wird. Alle stimmten darin überein, daß ein plötzlicher Abbruch der Hilfe und das Fehlen von Übergangsmaßnahmen nach Fortgang der Experten schmerzliche Folgen hat.

Regionale Ebene

17. Es wurden zahlreiche Beispiele für die Wirksamkeit von Aktionen auf dieser Ebene gegeben. Koordinierte regionale Hilfe kann besser den lokalen Bedingungen angepaßt werden. Daher muß jede Gelegenheit ergriffen werden, ein regionales Bewußtsein anzuregen und finanzielle Hilfe für die Teilnahme an regionalen Konferenzen zu geben.

Bilaterale Ebene

18. Diese Art der Hilfe wurde im allgemeinen als die günstigste angesehen. Historische Gründe spielen ebenso unleugbar eine Rolle wie der Weiterbestand geistiger Verwandtschaften. Der Umfang dieser Art von Hilfe scheint bedeutsam zu sein. Die UNESCO sollte diesen bilateralen Bemühungen mit

der Absicht ihre Aufmerksamkeit schenken, deren Koordination zumindest im Bereich des Erfahrungsaustausches und der Ergebnisse sicherzustellen.

Die Rolle der nichtstaatlichen Organisationen

19. Es darf nicht vergessen werden, daß im Bereich der Zusammenarbeit in der Erwachsenenbildung die nichtstaatlichen Organisationen, insbesondere die Gewerkschaften, über eine lange und bedeutende Tradition verfügen, die in vielen Fällen weiter zurück reicht, als die Aktionen der Regierungen. Darüber hinaus ist die Tätigkeit der nichtstaatlichen Organisationen oft willkommener als die von Regierungen, da die großen internationalen, freien Organisationen sich in der Regel der Ausbildung von Mitarbeitern in ihren nationalen Zweigorganisationen annehmen. Jede nationale Sektion ist in der Tat integraler Teil und Initiator von Projekten der internationalen nichtstaatlichen Organisationen, deren Zielsetzungen sie sich freiwillig angeschlossen haben. Dies gilt gleichermaßen für die internationalen religiösen, politischen und gewerkschaftlichen Organisationen.

20. Die Arbeit der nichtstaatlichen Organisationen wurde jedoch nicht genügend im Rahmen der UNESCO-Programme unterstützt, weil die erforderlichen Verfahrensweisen zu umständlich sind. Die Kommission betonte daher eindringlich, daß die UNESCO auf diesem Gebiet ihre Bedingungen für eine aktive Mitarbeit der nichtstaatlichen Organisationen im allgemeinen, und der Gewerkschaftsorganisationen im besonderen, im Bereich der Forschung und der Evaluierung von Erwachsenenbildung neu organisieren solle.

21. Die Kommission hielt es für notwendig zu wiederholen, daß die freiwillige Mitgliedschaft nationaler Zweigorganisationen die nichtstaatlichen Organisationen in besonderem Maße befähigen, Instrumente für eine Politik des Friedens und der internationalen Verständigung zu sein.

Die Rolle der UNESCO

22. Die Delegationen sind sich der gigantischen Skala von Aufgaben bewußt, welche sie der UNESCO auf verschiedenen Ebenen **anvertrauen** – quantitativ, qualitativ, finanziell, interdisziplinär usw. – und die nach einem Wertungssystem und nach Prioritäten verlangen. Die Kommission bemühte sich, realistisch zu bleiben, und dennoch den Bedürfnissen der internationalen Gemeinschaft Rechnung zu tragen.

23. Um mit diesen Aufgaben fertig zu werden, müßte die UNESCO vom budgetären und strukturellen Standpunkt her gestärkt werden. Ein Beschluß der Konferenz von Montreal verlangt die Einrichtung einer hochrangigen interdisziplinären Abteilung für Erwachsenenbildung. Es muß festgestellt werden, wie schwierig der Ausbau der Erwachsenenbildung, deren Einbau in die kulturelle Entwicklung und die Anregung koordinierter wissenschaftlicher Forschung ist, wenn ihr nicht ein entsprechender Platz in den Strukturen, im Sekretariat, in den Programmen und in den Budgets zugestanden wird.

24. Die UNESCO ist ein Kreuzungspunkt, wo sich staatliche und nichtstaatliche Organisationen mit Angebot und Nachfrage nach Zusammenarbeit treffen. Sie muß diese Kreuzwege organisieren, die verschiedenen Austauschkanäle koordinieren und die Richtungen angeben. So hat die UNESCO die Aufgabe, Ideen und Anregungen für alle internationalen Organisationen im Rahmen der UN-Familie (ILO, FAO usw.) über alle Probleme des Bildungswesens und hier insbesondere für die Zusammenarbeit auf dem Gebiet der Erwachsenenbildung und der lebenslangen Bildung, zu formulieren. Die meisten Delegationen waren der Meinung, daß die UNESCO auch versuchen sollte, bei der Koordination einer Politik der Zusammenarbeit einzelner Regierungen unter Beachtung der Selbständigkeit dieser Staaten mitzuhelfen.

25. Unter Berücksichtigung der anderen Aufgaben drängte die Kommission auf die Einrichtung eines Dokumentations- und Informationszentrums, auf Mobilisierung der Regionalzentren der UNESCO für besondere Aufgaben auf dem Gebiet der Erwachsenenbildung, auf Intensivierung der Zusammenarbeit mit den Universitäten bei interdisziplinären Auswertungen, auf Ausweitung der Programme für den Austausch von Mitarbeitern, auf Ausbildung von Animateuren und, weniger nachdrücklich, auf Hilfe für die Delegationen aus weniger begünstigten Ländern und für die ärmeren nichtstaatlichen Organisationen, so daß diese an Konferenzen, Seminaren und internationalen und regionalen Zusammenkünften von Fachkräften teilnehmen können. In vielen Fällen wird dadurch diesen Ländern und Organisationen das „einzige Fenster" zur Welt geöffnet und die einzige Gelegenheit geboten, ihre eigene Tätigkeit in den großen Rahmen der von der UNESCO geförderten und koordinierten Zusammenarbeit einzufügen.

B. Bericht der Kommission II

1. Die Kommission hielt ihre erste Sitzung am 28. Juli unter dem Vorsitz von Peter Nicholson (Kanada) ab. Sie wählte Dr. Mohamed Ibrahim Kazem (Ägypten) sowie Prof. J. S. Urriola (Venezuela) als Vizepräsidenten und J. F. Conceico (Singapur) zum Berichterstatter.

2. Die Kommission behandelte in zehn Arbeitssitzungen die Tagesordnungspunkte 8.2 und 8.3. Zur Grundlage des Gesprächs wählte die Kommission das Kapitel III, Abschnitt B und C des Arbeitspapiers „Erwachsenenbildung im Kontext lebenslanger Bildung" (UNESCO/CONFEDAD/5). Als weitere Arbeitspapiere dienten die Dokumente „Ein rückschauender internationaler Überblick über die Erwachsenenbildung – Montreal 1960 bis Tokio 1972" (UNESCO/CONFEDAD/4) und die kommentierte Tagesordnung (UNESCO/CONFEDAD/3).

Tagesordnungspunkt 8.2.:
Neue Methoden und Techniken; Nutzung der wichtigsten Kommunikationsmittel

Die Notwendigkeit neuer Gesichtspunkte

1. Dank der schnellen technologischen Entwicklung moderner Kommunikationsmittel ist es nun möglich geworden, eine viel größere Zahl von Menschen zu erreichen, als noch vor wenigen Jahren vorstellbar. Den Massenmedien sollte überall für die Bewußtseinsweckung der Menschen für ihre gemeinsamen sozialen, wirtschaftlichen und kulturellen Kräfte, die ihre Lebensweise bestimmen, eine größere Rolle zugewiesen werden. Die Medien sollten nicht nur formalen Unterricht, sondern auch wertvolle Informationen und kulturelle Bereicherung bieten.

2. Bis jetzt wurde fast nirgends das volle Potential der Massenmedien für die Erwachsenenbildung in Anspruch genommen. Im Gegenteil, die Medien wurden oft gegen die Bildungsarbeit eingesetzt. Die Probleme liegen in folgendem: Wie können die Medien für eine Ausweitung der Bildungsmöglichkeiten genutzt werden; wie können die Kosten ohne Minderung der Qualität des Lernens gesenkt und wie der Lernende für die Mitarbeit bei Planung und Leitung des Erziehungsprozesses gewonnen werden.

3. Die Massenmedien müssen im Rahmen nationaler Konzepte für die umfassenden Ziele einer sozialen, kulturellen und wirtschaftlichen Entwicklung eingesetzt werden.

Die Rolle der Massenmedien

4. Mehrere Delegierte äußerten Bedenken hinsichtlich des gegenwärtigen Gebrauchs der Massenmedien, besonders des Fernsehens. In manchen Ländern ist eine Mystifizierung des Fernsehens festzustellen, der entgegengetreten werden muß. Viel zu viel Zeit wird im Fernsehen kommerziellen Zwecken, der Propaganda und der Unterhaltung gewidmet, die oft Gewalttätigkeit und sexuelle Zügellosigkeit darstellt. Es wurde festgestellt, daß der billigen Unterhaltung in einigen Ländern ein solches Übergewicht eingeräumt wird, daß die Gesamtwirkung der Medien dazu führt, die menschliche Würde zu erniedrigen und Separatismus, Konflikte und Entfremdung zu verschlimmern. Einige Delegierte lenkten die Aufmerksamkeit auf die positiven Wirkungen des Fernsehens, bei der Ausweitung des Wortschatzes und der Fähigkeit zum Selbstausdruck der Menschen und äußerten den Wunsch, diese Tendenzen zu betonen und zu ermutigen.

5. Der ständige Fluß von Mitteilungen unterschiedlicher Bedeutung stellt ein besonderes Problem für die Menschen dar, da er sie eher verwirrt als ihnen zu helfen, sich ein Urteil zu bilden. Die Tendenz der Medien, kulturelle Fähigkeiten durch Verführung zu passiver Hinnahme einzuschläfern, wurde sehr beklagt. Weder interpretiert der Hörer die Mitteilungen, noch handelt er nach ihnen.

Kontrolle der Medien

6. Das Versagen der Medien wurde weitgehend einer Zunahme kommerzieller Interessen zugeschrieben. Sie tendieren dazu, deren Gebrauch als Mittel der Erwachsenenbildung auszuschließen. Die Kommission war der Meinung, daß die Medien einen öffentlichen Dienst zu leisten hätten und daß es Pflicht der Regierungen sei, darüber zu wachen, daß das öffentliche Interesse stärker als kommerzielle und andere Teilinteressen zur Geltung käme. Das kommerzielle Fernsehen sollte einem moralischen Kodex unterworfen werden.

7. Die Massenmedien müssen bilden, informieren und unterhalten. Wo in den Fernsehprogrammen ein Übergewicht auf der Unterhaltung liegt, sollten die Regierungen darauf bestehen, daß eine Mindestzahl von Stunden pro Tag oder pro Woche den Erziehungsprogrammen und jenen zur Behandlung öffentlicher Anliegen gewidmet werden sollte. Sie sollten auch die notwen-

digen Mittel bereitstellen, daß ein qualifizierter Mitarbeiterstab für Planung, Produktion und Ausstrahlung von Bildungsprogrammen eingesetzt werden kann.

8. Einige Delegierte argumentierten, daß die Regierungen alle Programme, die Gewalt und zügellosen Sex darstellen, aus den Medien ausschließen sollten. Andere Delegierte stimmten zwar der Feststellung zu, daß die Medien oft mißbraucht würden, wandten sich aber gegen die Einführung einer Zensur. Die Regierungen sollten ihr Rundfunkwesen aufmerksam verfolgen und das kommerzielle Fernsehen einer besonderen Kontrolle unterwerfen. Die Methoden der Kontrolle sollten mit den Standardnormen eines jeden Landes übereinstimmen. Vielleicht könnte die Zuhörerschaft selbst als letzte Instanz die Kontrolle am besten durchführen.

Wirtschaftliche und organisatorische Beschränkungen

9. Zahlreiche Delegierte stellten fest, daß selbst unter den gegenwärtigen Bedingungen sich Personen in verantwortlichen Stellungen gewissenhaft dafür einsetzten, die Medien als wirksame Werkzeuge für das Lernen und die Information einzusetzen. Jedoch behindern wirtschaftliche und organisatorische Beschränkungen und ein Mangel an geeigneten Fachleuten besonders in den Entwicklungsländern ihre Bemühungen.

10. In vielen Entwicklungsländern herrscht ein ernster Mangel an qualifiziertem Personal. Dies führt oft zum Kauf ausländischer Programme, die verzerrte Bilder der sozialen, wirtschaftlichen und kulturellen Wirklichkeit einführen.

11. In Ländern, wo die Bedingungen für eine gute Programmgestaltung günstiger sind, zeigen sich oft Mängel bei der richtigen Programmplanung. Dies macht sich besonders bemerkbar, wenn die Bildungsaktivitäten eine Zusammenarbeit verschiedener Stellen verlangen. Mangelnde Aufgeschlossenheit für die Wünsche und Reaktionen der Zuhörerschaft ist oft weniger personellen Unzulänglichkeiten als dem Fehlen gut strukturierter Systeme, die Rückmeldungen und Auswertungen gestatten, zuzuschreiben.

12. Die Zusammenarbeit zwischen Medienspezialisten und denen des Bildungswesens entwickelt sich überall nur sehr langsam und unsicher. Die Integration konventioneller und Medienbildungsarbeit war eher eine Ausnahme als die Regel. Es ist notwendig, die Zusammenarbeit zwischen den Medienfachleuten und den Mitarbeitern der Erwachsenenbildung zu verwirklichen. Und dies nicht nur, damit die einen die Ziele und Probleme der anderen kennenlernen, sondern damit sie auch gemeinsame individuelle Bedürfnisse und gesellschaftliche Notwendigkeiten identifizieren.

13. Mehrere Delegierte wiesen darauf hin, daß die Erhaltung und Reparatur der Geräte oft unmöglich ist, da ausgebildete Techniker fehlen. Technische und konstruktive Probleme wurden nicht als unüberwindlich betrachtet, jedoch wiesen einige Delegierte, vorwiegend aus Entwicklungsländern, auf die Notwendigkeit einer internationalen Standardisierung der Geräte hin.

Minderheiteninteressen
14. Obwohl anerkannt wurde, daß es die Massenmedien, entsprechend ihrer Bestimmung, hauptsächlich mit den Massen zu tun hätten, betonten viele Delegierte die Wichtigkeit einer Betreuung von Minderheitengruppen.

Die Nutzung des Hörfunks
15. Trotz der Mystifizierung des Fernsehens bleibt der Hörfunk das ökonomischere Mittel, ein ganzes Land mit Bildungsprogrammen zu versorgen. Trotzdem ist es offenkundig, daß das derzeitige Ausmaß der Programme weit hinter den bekannten Notwendigkeiten zurückbleibt. Die Hörfunkprogramme sind am wirksamsten, wenn sie durch ein Netz ergänzender Dienste auf der untersten Ebene, einschließlich des Einsatzes einer großen Zahl lokaler Animateure und freiwilliger Mitarbeiter, unterstützt werden.

Schwierigkeiten bei der Übertragbarkeit von Medien
16. Bevor Programme und Techniken von einem Land oder Milieu in ein anderes übertragen werden, sind die kulturellen Unterschiede zu beachten. Besonders die technologischen Niveauunterschiede zwischen reichen und armen Ländern können Barrieren für den sonst so fruchtbaren Austausch darstellen.

Internationale Zusammenarbeit
17. Viele Delegierte stellten fest, daß ihre Länder technische Hilfe dringend brauchen und daß sie eine engere Zusammenarbeit auf technischem Gebiet begrüßen würden. Sie baten um Ratschläge für einen bestmöglichen Einsatz der Medien und um Hilfe bei der Ausbildung des Personals, bei der Schaffung geeigneter Infrastrukturen und beim Erwerb technischer Ausstattungen.

Feststellung des Bedarfs für den Erwachsenen

Methoden zur Identifizierung von Bedürfnissen
18. Bei der Auswahl geeigneter Methoden und Techniken muß zunächst davon ausgegangen werden, Bedürfnisse, Interessen und Herkunft der Lernenden in ihrer wirklichen Lebenssituation festzustellen und dementsprechend die Lernziele zu definieren.

19. Zwei grundsätzliche Probleme wurden unterschieden:
Erstens das Problem einer Motivierung der bildungsmäßig Benachteiligten, jener großen Mehrheit der Völker, die vor Bildungsprogrammen zurückscheuen.
Zweitens das Problem, wie man der Vielfalt menschlicher Bedürfnisse gerecht werden kann, anstatt sich ausschließlich auf die Anforderungen formalen akademischen Unterrichts zu konzentrieren.

20. Erwachsenenbildungsprogramme müssen fest in den entsprechenden sozialen Zusammenhang eingefügt werden. Der sich aus dem Ablauf der verschiedenen Lebensphasen ergebende ständige Wandel der Bedürfnisse und Rollen des Erwachsenen sollte nie außer acht gelassen werden.

Die ökologische oder Milieu-Annäherung

21. Das eigene kräftige Bildungspotential der Gesellschaft wurde betont. So wichtig auch der Einfluß der Schule ist, das Individuum wird vor allem von seiner Umwelt geformt. Die Menschen sollten ermutigt werden, aktiv an den Gemeinschaftsaufgaben teilzunehmen und einander zu helfen. Jeder Mensch ist nicht nur ein potentieller Lernender, sondern auch ein potentieller Erzieher. Das Heim, der Arbeitsplatz, die Gruppe Gleichgesinnter, Gewerkschaften, Genossenschaften, Konsumentenverbände, die Kirche, die Moschee und der Club, sie alle sind Stätten des Lernens.

Ortskomitees

22. Lokale Komitees, z.B. Komitees für die Entwicklung ländlicher Gebiete, können gemeinsam mit Vereinigungen und informellen Gruppen, die bei der Feststellung der Bedürfnisse des erwachsenen Lernenden helfen, wertvolle Vermittlerfunktionen übernehmen. In einem Mitgliedstaat stellen örtliche Beiräte die Bildungsbedürfnisse ihrer Mitbürger fest und beraten die hauptberuflichen Organisatoren bei der inhaltlichen Gestaltung der Bildungsprogramme. Ein telefonischer Beratungsdienst steht Tag und Nacht zur Verfügung.

Beratung

23. Trotz ihrer offenbaren Notwendigkeit scheinen nur wenige Versuche unternommen worden zu sein, Beratungsdienste einzurichten. Verschiedene methodische Beispiele, wie sie von Administratoren und Ämtern verwendet werden, um interessierten Teilnehmern Auskünfte zu geben, wurden beschrieben. Einige Organisationen setzen bereits hauptamtliche Berater ein. Örtliche Beratungsdienste könnten als Instrument der Kontrolle für die Bildungsplaner dienen.

Lokale Führer und Gemeinschaftsgruppen

24. Versuche, die Kluft zwischen den Gebildeten und den Ungebildeten zu überbrücken, gelangen oft dann am besten, wenn sie von Persönlichkeiten aus der lokalen Gemeinschaft selbst unternommen wurden. Selbstverständlich mußte den Menschen auf ihrem Weg zum bewußten Lernen geholfen werden. Eine andere Form der Hilfe kann von Gruppen Gleichgesinnter geboten werden. Mehr Hilfen als bisher sollten den Selbstlernzentren zukommen, die von Individuen und Gruppen aus eigener Initiative benützt werden können.

Die Rolle des Organisators oder Animateurs

25. Unter den Mitarbeitern, welche die Programme der Erwachsenenbildung wirkungsvoller gestalten können, spielt der ausgebildete Organisator oder Animateur eine zentrale Rolle. Er hilft den Menschen, ihre eigenen Probleme zu erkennen, die Rundfunkprogramme kritisch zu verfolgen, ihre Reaktionen zu bestimmen und eine Rückbeziehung zwischen Publikum und Produzent sicherzustellen. Die Rolle des sozialen Animateurs in der örtlichen Gemeinschaft ist von grundlegender Bedeutung. Ein anderer Typ ist der wandernde „Lern-Organisator", der persönliche Kontakte aufnimmt und die Menschen beeinflußt, an Projekten teilzunehmen. In einigen Mitgliedstaaten wurde Kontaktpflege oder auch Besucherdiensten besondere Aufmerksamkeit gewidmet. Sie verlangen den Einsatz von Organisatoren, welche die Menschen am Arbeitsplatz und in den Wohnungen aufsuchen. Wo immer die Methode des persönlichen Kontaktes versucht wurde, hat sie ausgezeichnete Ergebnisse gebracht. Es hat sich gezeigt, daß bei jenen, die persönliche Besuche oder Telefonanrufe erhalten hatten, das Ausmaß der Teilnahme an den Programmen der Erwachsenenbildung wesentlich höher war, als bei Menschen, die nicht direkt angesprochen wurden.

Identifizierung der selbständig Lernenden

26. Viele Delegierte lenkten die Aufmerksamkeit auf die schnell zunehmende Tendenz, außerhalb der Bildungseinrichtungen zu lernen sowie auf die Notwendigkeit, diesem selbstgelenkten Lernen positive Unterstützung zu geben. Dies impliziert eine Identifikation der selbständig Lernenden und ein Angebot konkreter Hilfen, wo immer jene gefunden werden.

Methoden

27. Unsere gegenwärtige Kenntnis der Methoden und ihrer Verwendbarkeit ist impressionistisch und fragmentarisch. Die Formulierung allgemeiner Grundsätze unter Zuhilfenahme des Instrumentariums der Sozialanthropolo-

gen, der Soziologen, der Psychologen und anderer Spezialisten erscheint notwendig.

Gruppenmethoden

28. Der Wert des Lernens in kleinen Gruppen wurde allgemein anerkannt. Unter den Typen von Gruppen wurden besonders die Studienzirkel und die Lerngruppen, die zur Teilnahme an den Bildungsprogrammen des Hörfunks gebildet wurden, erwähnt. Außerdem wurde die Vielfalt der Gruppenmethoden in beachtenswerter Weise vergrößert.

29. Mehrere Delegierte betonten, daß jene, die an den konventionellen Programmen der Erwachsenenbildung nicht teilnehmen wollen, oft durch informelle Diskussionsgruppen angezogen werden, an denen auch Personen teilnehmen, die sie kennen und denen sie vertrauen.

Programmiertes Lernen

30. Einige Beispiele programmierten Unterrichtes wurden beschrieben, wobei auf deren Nutzen und deren Beschränkungen ebenso hingewiesen wurde, wie auf ihre Bedeutung für das selbständige Lernen.

Fernstudium

31. Die Wirksamkeit gut geführter Fernkurse als Hilfe für den individuell Lernenden sowie für informelle Kleingruppen kann nicht länger bezweifelt werden. Mehrere Beispiele erfolgreicher Programme wurden aufgezählt. Sie umfaßten Spezialkurse für solche Teilnehmer, die ihre beruflichen Fachkenntnisse verbessern, neue Fähigkeiten erwerben oder in einen neuen Beruf übertreten wollen. Es wurde festgestellt, daß der Fernunterricht in erster Linie jene anspricht, die bereits über einen gewissen Grad an Vorbildung verfügen und Hilfe bei der Vorbereitung auf Prüfungen suchen. Allerdings wirkt sich diese Form des Lernens in einigen Bereichen dahin aus, daß die Kluft zwischen Privilegierten und Unterprivilegierten noch vertieft wird.

Internatseinrichtungen

32. Die Kommission wurde an die anhaltende Bedeutung der Internatseinrichtungen erinnert. Sie gestatteten es dem Teilnehmer, in einer neuen und förderlichen Umgebung zu reflektieren und zielgerichtet zu lernen.

Medien und Alphabetisierung

33. In Beantwortung der Bitte eines Delegierten, seinem Entwicklungsland bei der Meisterung des ungeheuren Problems des Analphabetismus zu helfen (in diesem Land sind 95 Prozent der Bevölkerung Analphabeten) beschrieb ein anderer Delegierter verschiedene in seinem Land verwendete Methoden.

Sie schließen den Einsatz speziell geschriebener Geschichten als Teile der Volksliteratur ein. Außerdem wurde festgestellt, daß die Regierung eine große Menge von Material besitzt, das sich mit Angelegenheiten der Gemeinschaft beschäftigt. Es wurde auf einem Niveau in die Volkssprache übersetzt, das dem Gebrauch in Alphabetisierungsklassen angemessen war. In einem anderen Fall hat eine Alphabetisierungsbewegung eine eigene Zeitschrift herausgegeben, die von Anfang an eine große Zahl von Abonnenten fand und auch das Interesse der Werbeleute weckte, die um Platz für Anzeigen konkurrierten. Ein anderer Delegierter wiederum erwähnte, daß die Veröffentlichung von volkstümlichen Stücken und Geschichten, die bei Erwachsenen Anklang finden, äußerst dringend sei.

34. In den Programmen zur Bekämpfung des Analphabetentums sollten die besser Vorgebildeten im Zuge einer sozialen Mobilisierung die Verantwortung dafür übernehmen, den weniger Begünstigten etwa durch die Methode „Jeder einzelne lehrt einen anderen" zu helfen. Die dringende Notwendigkeit, ein soziales Bewußtsein hinsichtlich des Problems einer Beseitigung des Analphabetismus zu wecken, wurde unterstrichen.

Bereitstellung von Lesematerial

35. Mehrere Delegierte wiesen auf den akuten Mangel an Büchern, Zeitungen und Lesematerial hin. Oft steht nicht einmal genug Papier für den Druck zur Verfügung, und oft fehlen sogar die Druckmaschinen. Dies ist ein erwägenswerter Punkt bei der Organisation von auswärtigen Hilfsprogrammen. Der Mangel an Folgematerial steht auch weiterhin der erfolgreichen Durchführung vieler Programme im Wege. Die Kommission erfuhr von Beispielen erfolgreicher Programme, bei denen mit der Bildungsarbeit nicht begonnen wurde, bevor nicht ausreichende Mengen sorgfältig vorbereiteten Folgematerials für den Gebrauch zur Verfügung standen.

36. Die Produktion von kartonierten Büchern ist relativ billig. Da ein ständiger Fluß von Büchern für die Aufrechterhaltung des Alphabetismus notwendig ist, muß deren Produktion durch Regierungsmaßnahmen und -förderungen sichergestellt werden. Außerdem soll die Druck- und Verlagsindustrie ermutigt werden, Material für Alphabetisierungsprogramme bereitzustellen, das den Interessen der lernenden Erwachsenen entspricht.

37. Für die Produktion geeigneten Lesematerials ist die Gewinnung ausgebildeter Autoren notwendig. Ebenso wichtig ist ein funktionierendes Verteilungssystem.

Audio-visuelle Hilfsmittel

38. Die Kommission setzte sich für die Ausweitung eines vernünftigen Gebrauches audio-visueller Hilfsmittel ein. Bestimmte Länder hielten die Kosten für den Ankauf und die Erhaltung solcher Mittel jedoch für zu hoch und beklagten sich über aggressive kommerzielle Verkaufsmethoden. Um auf technischem Gebiet Austauschmöglichkeiten zu schaffen, wurde auf die Notwendigkeit internationaler Standards hingewiesen. Hauptberufliche Erwachsenenbildner erwarteten fundierte Ratschläge darüber, welche Geräte zum billigsten Preis erworben werden können und wo Ersatzteile und Service-Stellen verfügbar sind. Schließlich sollten jene Länder, die keinen Zugang zu modernen Lehrmitteln haben, eigene Hilfen entwickeln, indem sie die reichen Quellen ihrer Gemeinschaft anzapfen.

Selbstlernzentren

39. Die hauptberuflichen Erwachsenenbildner sind sich heute des Wertes des Selbstlernens voll bewußt. Die beste Art, dem selbständig Lernenden zu helfen, ist die Errichtung von Selbstlernzentren, zu denen jeder aufgrund eigener Initiative und zu den für ihn günstigsten Zeiten Zugang hat. Diese Zentren sollten Beratungsdienste anbieten, bei der Entwicklung der Lerntechniken helfen und über die geeigneten Lernmittel Auskunft geben. Ganz allgemein war die Kommission der Auffassung, daß sehr viel mehr Kenntnisse über Probleme und Bedürfnisse des selbständig Lernenden notwendig seien.

Die Bedeutung des institutionellen Rahmens

40. Der institutionelle Rahmen, in dem die Medien eingesetzt werden, ist wesentlich bedeutender als die Medien selbst. Umstände, welche die komplexen sozialen Bedürfnisse formen, bestimmen notwendigerweise die Art der Bildungsinstitutionen. Obwohl sich die Bedürfnisse fast überall gleichen, kommt der Wahl des geeigneten institutionellen Rahmens besondere Bedeutung zu. Das Studium der Eignung von Bildungsinstitutionen ist demnach eine vorrangige Aufgabe der Bildungsforschung. Eine wachsende Tendenz bei Gruppen und Individuen, sich eigene Programme zurechtzulegen, läßt sich feststellen. Innerhalb der Institutionen erhalten die Erwachsenen immer mehr Möglichkeiten, an der Programmplanung, an der Auswahl der Inhalte und Studienmethoden und an der Festlegung der allgemeinen Generallinie mitzuwirken. Diese Tendenzen dürfen bei der Planung neuer Gebäude und bei der Einführung neuer Verwaltungsmaßnahmen nicht übersehen werden.

Die Systemmethode

41. Die Anwendung der Systemmethode auf die Erwachsenenbildung ist von großem Vorteil. Sie schließt sorgfältiges Studium der Anforderungen, detaillierte Analyse der Ziele und deren versuchsweise Definition in operationalen Begriffen ein.
Die Systemmethode geht folgendermaßen vor:

a) Feststellung des Verhaltens von Zielgruppen in Gegenwart und gewünschtem Endzustand;
b) Wahl einer Vielfalt aufeinander bezogener Methoden;
c) Entwurf eines umfassenden Aktionsplanes;
d) Durchführung des Vorhabens;
e) Bewertung der Ergebnisse;
f) Neugestaltung des Programms.

Die oben erwähnten Stufen müssen von dem notwendigen organisatorischen Apparat und einer technischen Infrastruktur unterstützt werden.

Die offene Universität und ähnliche Erfahrungen

42. Der Idee der offenen Universität wurde besondere Aufmerksamkeit gewidmet. Die Radio- und Fernseh-Medien sind für sich gesehen zu autoritär, da sie keine Rückkopplung gestatten. Daher wurden andere Medien hinzugenommen: Lehrbriefe, aufgezeichnetes und gedrucktes Material und direkte Aussprachen mit einem Tutor. Es stellte sich endgültig heraus, daß es keinen gleichwertigen Ersatz für Begleitzirkel und persönliche Beziehungen gibt. Das wichtigste Merkmal der multimedialen Methode in der offenen Universität ist der Unterricht durch Lehrbriefe, die, obwohl sie das Charakteristikum der Fernwirkung mit Hörfunk und Fernsehen teilen, den Teilnehmern doch die Gelegenheit bieten, nach eigener Geschwindigkeit zu lernen und regelmäßigen Rat von ihren Tutoren zu erhalten. Die Erfahrungen einer Anzahl von Ländern mit dem Fernunterricht auf allen Bildungsebenen und durch die Massenmedien hat jedenfalls gezeigt, daß die Verwendung einer Kombination von Methoden und Medien in einem sorgfältig integrierten System wünschenswert ist.

Die multimediale Methode und die Teilnahme der Lernenden

43. So wie die Erwachsenenbildung im allgemeinen wurden auch die multimedialen Systeme dahingehend kritisiert, daß sie zu einer Ansprache der bereits Vorgebildeten tendieren. In einem Mitgliedstaat wurde bei der Einrichtung multimedialer Bildungsprogramme als eines der Ziele festgelegt, folgende

vier Gruppen anzusprechen, die normalerweise bei der höheren Bildung und auch in der Erwachsenenbildung unterrepräsentiert sind:
a) Personen mit niedriger schulischer Vorbildung;
b) Handarbeiter;
c) Bewohner ländlicher Gebiete;
d) Frauen.

Eine nachträgliche Auswertung hat aufgedeckt, daß im vorliegenden Fall gerade diese vier Gruppen unter jenen, die das Angebot eines zweijährigen Kurses angenommen hatten, unterrepräsentiert waren. Die Teilnehmer gehörten im wesentlichen den höheren sozioökonomischen Schichten an. Der aus dieser Untersuchung zu ziehende Schluß war, daß die Methoden des Medienverbundes die Lernbarrieren nicht immer überwinden können. Um den wirklichen Bedürfnissen der Erwachsenen zu entsprechen, sollte die Erwachsenenbildung „anregende" Elemente enthalten und versuchen, gerade jene für eine Teilnahme an der Planung und Durchführung der Bildungsprogramme zu gewinnen, für die sie bestimmt sind.

Auswertung und Forschung

Auswertung

44. Es war offenkundig, daß die meisten Programme, gleichgültig welches Bildungsmedium eingesetzt wurde, ohne Einbau der notwendigen Auswertungsverfahren geplant und durchgeführt wurden. Dies führte zu einer Verwischung der Zieldefinition und zur Fortsetzung von Irrtümern. Außerdem hemmte es die Übertragung erfolgreicher Projekte von einer Situation auf eine andere.

Notwendige Forschungen

45. Forschung über folgende Gebiete erscheint notwendig:
a) über die Faktoren, welche die Teilnahme der bildungsmäßig Unterprivilegierten hemmen;
b) über die Art des Einsatzes billiger unterrichtstechnologischer Mittel;
c) über die Psychologie der Erwachsenen mit besonderer Berücksichtigung der Motivation;
d) über das Verhältnis zwischen Lehrenden und Lernenden in unterschiedlichen sozialen Zusammenhängen;
e) über die optimale Nutzung der Massenmedien;
f) über die besonderen Bedürfnisse und Probleme des selbständig Lernenden;

g) über die soziokulturellen und sozioökonomischen Faktoren, welche die Lernsituation beeinflussen;
h) über Methoden zur Persönlichkeitsentfaltung in Zusammenhang mit sozialen Veränderungen;
i) über die Voraussetzungen für eine aktive Teilnahme der Lernenden.

Verbreiterung der Forschungsergebnisse

46. Weitgehende Verbreitung der Forschungsergebnisse ist dringend notwendig. Dies sollte den verstärkten internationalen Literaturaustausch, die Veröffentlichung von mehr internationalen und vergleichenden Zeitschriften und Mitteilungsblättern sowie die Intensivierung der Arbeit regionaler und anderer Organisationen der Erwachsenenbildung einschließen.

Interdisziplinäre Zusammenarbeit und Mehrzweck-Teamarbeit

47. Die Zusammenarbeit zwischen Sozialwissenschaftlern, Medien- und Fachbereichsspezialisten sowie auf unterster Ebene arbeitender Erwachsenenbildner wurde verlangt. Die kombinierten Bemühungen dieser Menschen könnten realistische und zusammenhängende Bildungsprogramme mit der größtmöglichen Aussicht, die gesetzten Ziele zu erreichen, zum Ziel haben.

Örtliche Zusammenkünfte

48. Mehrere Delegierte betonten den Wert örtlicher Konferenzen und Seminare. Diese könnten mit geringen Kosten und in vertrauter Umgebung veranstaltet werden. Die Teilnehmer könnten Themen, wie Methoden und Wege zur Nutzung aller in der Gemeinde verfügbaren Lernmöglichkeiten, diskutieren.

Nationale und regionale Komitees

49. Nationale und regionale Komitees sollten sich mit öffentlichen Maßnahmen beschäftigen, welche auf den Einsatz der Massenmedien und der Unterrichtstechnologie abzielen sowie mit den notwendigen Bemühungen um eine Sicherstellung der wirksamsten Aufgabenverteilung und Zusammenlegung der Lernmöglichkeiten.

Tagesordnungspunkt 8.3.:
Mobilisierung und Ausbildung des Personals, das für die Ausweitung der Erwachsenenbildung notwendig ist

Gewinnung und Ausbildung von Erwachsenenbildnern

50. Die Kommission hegte keinen Zweifel daran, daß die größte Aufforderung für die Erwachsenenbildung der 70er Jahre die Mobilisierung und Ausbildung ausreichenden hauptberuflichen Personals sein wird. Nur dieses kann die vielfältigen Aufgaben bewältigen, die mit der Befähigung der Erwachsenen für das Lernen und mit der Motivierung zum Weiterlernen verbunden sind. In der jüngsten Vergangenheit hat sich die Erwachsenenbildung von einem marginalen gesellschaftlichen Anliegen zu einem unentbehrlichen Bestandteil des allgemeinen Bildungsangebotes entwickelt.

51. Traditionell wurde der größte Teil des Unterrichts und der Organisation in der Erwachsenenbildung von bezahlten nebenberuflichen und unbezahlten ehrenamtlichen Mitarbeitern durchgeführt. Dies war eine demokratisch wünschenswerte Praxis und die Regierungen sollten sie weiterhin fördern. Andererseits hat die Erwachsenenbildung nun einen Entwicklungsstand erreicht, der einen viel stärkeren Stab hauptberuflicher Organisatoren, Administratoren und Medienspezialisten erfordert. Nur mit Hilfe hauptberuflicher Fachleute kann die Ausweitungstendenz und der Einsatz nebenberuflicher und ehrenamtlicher Mitarbeiter sowohl aufrechterhalten als auch verstärkt werden.

52. Qualität und Nutzen dessen, was die Erwachsenen lernen, hängt in weitem Maße von den Hilfen ab, die ihnen in Form von Beratung, Unterricht und Lernmitteln zur Verfügung gestellt werden. Der menschliche Einsatz ist der wichtigste. Selbst die Lernhilfen müssen von qualifiziertem Personal vorbereitet und erhalten werden.

53. Da die Erwachsenenbildung nicht nur zur ökonomischen Produktion, sondern auch zur Verbesserung der Qualität des Lebens beitragen soll, ergibt sich die Schlußfolgerung, daß es sich lohnt, mehr als bisher in hauptberufliches, fachkundiges Personal zu investieren.

Der Status des Erwachsenenbildners

54. Die bereits seit der Konferenz von Montreal feststellbare Tendenz zum Aufbau eines Berufsbildes mit einer sichtbaren und attraktiven Karriere muß beschleunigt werden. Im gleichen Ausmaß, wie der Bereich wirkungsvoll pro-

fessionalisiert wird, kann er auch hochqualifizierte Mitarbeiter anziehen und halten. Das Personal in der Erwachsenenbildung sollte daher Status, Einkommen und Arbeitsbedingungen erhalten, die jenen der Lehrer und Administratoren im formalen Schulsystem vergleichbar sind. Die Betonung des Bedarfs an hauptberuflichen Mitarbeitern in der Erwachsenenbildung darf jedoch nicht zur Etablierung eines geschlossenen Berufes führen. Es ist notwendig, sowohl die Mobilität zwischen Erwachsenenbildung und allgemeinem Bildungswesen aufrecht zu erhalten, wie auch enge Beziehungen zwischen den hauptberuflichen Erwachsenenbildnern und den Nicht-Fachleuten sicherzustellen.

Die Qualifikationen des Erwachsenenbildners

55. Damit die Erwachsenenbildung als Beruf anerkannt wird, braucht sie Praktiker mit einer entsprechenden spezialisierten Berufsausbildung. Es genügt nicht, sich mit der zufälligen Entdeckung von Personen mit einer natürlichen Neigung zum Lehren und Organisieren zufrieden zu geben. Die Kommission glaubte, unter anderen folgende Qualitäten und Fähigkeiten von den Erwachsenenbildnern fordern zu müssen:

a) Eine breite soziale Erfahrung und einen weiten kulturellen Hintergrund. Soziale Fertigkeiten, Vertrautheit mit Gruppenarbeit und mit der Dynamik von Interaktionen in der Gruppe sowie Verständnis der gesellschaftlichen und politischen Prozesse sind unerläßlich. Vor allem ist die Fähigkeit, sich in Menschen einzufühlen oft wichtiger als die bloße Fähigkeit, Kurse zu planen und moderne Hilfsmittel und Geräte einzusetzen.

b) Begeisterung, verbunden mit einem starken Sinn für soziale Verpflichtung, ist ein unschätzbarer Vorzug.

c) Die Befähigung zur Analyse besonderer gesellschaftlicher Sachverhalte ist bedeutsam, um für die Teilnehmer die richtige Lernumgebung schaffen zu können.

d) Da sich Erwachsene nicht immer ihrer Lernbedürfnisse bewußt sind, müssen die Erwachsenenbildner zuallererst Animateure sein. Sie müssen die Menschen dazu anregen, sich ihrer Entwicklungsmöglichkeiten bewußt zu werden und sie mit dem Vertrauen erfüllen, irgendeine Form des Lernens aufzunehmen und sich an sinnvollen Gruppenaktivitäten zu beteiligen.

Die Gewinnung von Erwachsenenbildnern

56. Angesichts der zahlreichen unterschiedlichen Funktionen sowie der sich aus den oben erwähnten persönlichen Eigenschaften ergebenden Schwergewichte, müssen die Erwachsenenbildner aus verschiedenen beruflichen und gesellschaftlichen Gruppen rekrutiert werden. Die notwendigen Kategorien

müssen durch sorgfältige Analyse der Wirkungsbereiche gewonnen werden, ob es sich nun um lokale Gemeinschaften oder großstädtische Zentren handelt.

57. Hauptberufliche Erwachsenenbildner können aus folgenden Gruppen rekrutiert werden:

a) Freiwillige Lehrer und Organisatoren, die denselben Erfahrungshintergrund haben wie die Gemeinschaften, denen sie dienen wollen;
b) Lehrer, die bereits an Erwachsenenbildungsprogrammen teilgenommen oder nebenberuflich Abendzentren geleitet haben und sich entschließen, ihr Hauptinteresse der Arbeit mit Erwachsenen zu widmen;
c) Männer und Frauen mit speziellen Kenntnissen und Fähigkeiten.

58. Wegen der Vielfalt der Bedürfnisse von Erwachsenen sollten nebenberufliche Erwachsenenbildner aus einer reichen Anzahl unterschiedlicher Quellen für die Mitarbeit gewonnen werden:

a) Qualifizierte Personen aus vielen Berufen, die als Lehrer, Leiter oder Organisatoren mitarbeiten können, nachdem sie eine angemessene Ausbildung durchgemacht haben;
b) Beamte von lokalen Behörden, besonders aus dem Bereich der Öffentlichkeits- und Sozialarbeit;
c) Lehrer, die an kurzen, orientierenden Ausbildungskursen teilgenommen haben;
d) ältere Mitbürger, die häufig aufgrund des Ansehens, das sie genießen, einen bedeutenden Einfluß auf ihre Gemeinschaft ausüben;
e) Universitätsstudenten, besonders in den Entwicklungsländern, wo hochqualifiziertes Personal in den Gruppen älterer Personen nur selten zu finden ist;
f) mehrere Delegierte schlugen vor, daß in Ländern, in denen der Analphabetismus noch ein Hauptproblem ist, alle Personen mit Lese- und Schreibkenntnissen für Programme nach der Methode „Jeder einzelne lehrt einen anderen" eingesetzt werden sollten.

59. Einige Delegierte sprachen sich für die Gründung nationaler Vereinigungen von Organisatoren und Lehrern der Erwachsenenbildung aus.

Multiplikatoren

60. Mehrere Delegierte vertraten den Standpunkt, daß niemand in verantwortlicher Stellung in der Gesellschaft sich der Pflicht entziehen könne, bei der Bildung der weniger glücklichen Mitbürger mitzuhelfen. Dadurch würden neue Personenkreise, wie Ärzte, Sozialarbeiter und Bibliothekare mit einbezogen, die durch ihre Arbeit ohnehin in täglichem Kontakt mit den

Menschen stehen. Wo immer eine Person anderen vorgesetzt ist, sollte sie sich der erzieherischen Dimension ihrer Arbeit bewußt sein. Jedermann, der bereits über ein Minimum an Bildung verfügt, sollte dazu beitragen, daß in seiner Nachbarschaft die Bildungsarbeit gefördert wird. Die bildungsmäßig und kulturell am meisten Benachteiligten nehmen am ehesten die Hilfe jener an, die den Alltag mit ihnen teilen.

Bedarf an Hilfsdiensten

61. Es besteht Bedarf für ein Informationsnetz, das den Mitarbeitern auf der untersten Ebene die notwendige Unterstützung gewährt und den Zugang zu Lehrmaterialien und zu fachkundiger Beratung sicherstellt.

Berufliche Vorbereitung für die Erwachsenenbildung

62. Man sollte immer an die volle Breite des Personals in der Erwachsenenbildung und in den Alphabetisierungsprogrammen denken. Sie schließt Lehrer und Ausbilder, Administratoren, Spezialisten welche Unterrichtsmaterial z. B. Programme, Filme, Rundfunksendungen vorbereiten, Organisatoren, Animateure und Berater, Personen in Witschaftsbetrieben, Beratungsdiensten, in Gewerkschaften und Genossenschaften sowie die hauptberuflichen Mitarbeiter der Erwachsenenbildung, die sich der Forschung und der Ausbildung des Lehrpersonals widmen, ein. Diese Liste umschließt auch andere Fachleute, die eine bedeutende Rolle in der Bildungsarbeit spielen, z. B. Sozialarbeiter, Ärzte, religiöse Berater und Personen, die in Büchereien, Museen und Kulturzentren arbeiten.

Die Ausbildung nebenberuflicher Mitarbeiter

63. Es liegt auf der Hand, daß die Ausbildung der nebenberuflichen Mitarbeiter vom jeweiligen Stand ihrer Fähigkeiten und Kenntnisse abhängt. Zumindest müssen sie etwas vom Lernen der Erwachsenen wissen und fähig sein, sich mit den Menschen zu identifizieren, denen sie dienen wollen. Im allgemeinen sollte ihre Ausbildung in dem Milieu stattfinden, in dem sie zu arbeiten beabsichtigen. Manchmal kann es wertvoll sein, sie durch konzentrierte Kurse in Heimen auszubilden.

Die Ausbildung von Medienspezialisten

64. Die schnelle Zunahme des Medieneinsatzes brachte die Notwendigkeit mit sich, Skript-Schreiber und Programmproduzenten auszubilden. Ebenso notwendig ist eine Ausbildung für die Autoren von Lesematerial, für Neoalphabeten, für die Autoren von Fernkursen, für Fachleute des programmierten Unterrichts sowie für Unterrichtstechnologen. Verlangt wurde eine enge Zusammenarbeit zwischen Medienspezialisten und Erziehern.

Die Ausbildung hauptberuflicher Organisatoren und Administratoren

65. Ausbildungskurse für Administratoren und Organisatoren müssen umfassend und gründlich sein. Da ihre Arbeit Kenntnisse und Fähigkeiten aus verschiedenen Fachbereichen verlangt, erscheint die Durchführung der Ausbildung an den Universitäten vorteilhaft, da diese über die notwendigen Voraussetzungen verfügen. In einer Anzahl von Ländern bestehen jedoch anerkannte nationale und regionale Ausbildungszentren.

Lehrerfortbildungskurse

66. Mehrere Delegierte bestätigten, daß viele Lehrer des formalen Schulsystems sich als Lehrer von Erwachsenen oder Organisatoren von Programmen für Erwachsene nicht bewährt haben. Angesichts der zunehmenden Anerkennung einer Idee der lebenslangen Bildung ist es unerläßlich, daß dieser Zustand geändert wird. Erwachsenenbildung als Gegenstand muß in den Lehrplänen der Lehrerausbildung behandelt werden. Die Ausbildungspläne müssen Gegenstände wie Psychologie des lernenden Erwachsenen, Probleme der Gemeinwesen sowie Lehrmethoden und -techniken einschließen.

Ausbildungsmöglichkeiten auf regionaler und internationaler Ebene

67. Eine Anzahl von Universitäten und anderen Zentren arbeitet bereits jetzt für multinationale Gruppen, jedoch besteht ein Bedarf nach mehr solcher Zentren. In der Dritten Welt ist das Bedürfnis nach regionalen Ausbildungszentren besonders groß.

68. Die Notwendigkeit von mehr internationalen Stipendien, die es Erwachsenenbildnern gestatten, an Kursen in anderen Ländern teilzunehmen, wurde ausdrücklich unterstrichen. Ausbildungseinrichtungen in Entwicklungsländern sollten in die Lage versetzt werden, die Unterstützung hauptberuflicher Mitarbeiter aus anderen Ländern in Anspruch nehmen zu können. Hier liegt die Hauptschwierigkeit in dem Problem einer vorübergehenden Freistellung. Regierungen und höhere Bildungseinrichtungen sollten ermutigt werden, eine Lösung zu finden.

Beziehungen zwischen Ausbildung und Forschung

69. Um der Ausbildung hauptberuflicher Erwachsenenbildner ein festes Fundament zu bieten, ist es notwendig, daß Grundlagen und Praxis durch eigene, verläßliche Forschungsergebnisse gestützt werden. Es ist ein Problem, daß Bildungsforschung und Bildungsdenken traditionell mit dem Schulsystem verbunden sind. Die Forschung auf dem Gebiet der Erwachsenenbildung versucht heute, sich als selbständigen Forschungsbereich mit eigenem Recht zu etablieren. Der Erwachsenenbildner sollte eine Ausbildung in Forschungs-

methodik erhalten und das Forschungspersonal sollte an der Praxis der Erwachsenenbildung teilnehmen.

Die Auswertung von Ausbildungskursen

70. Bisher wurde zuwenig für eine Auswertung hinsichtlich der in den Ausbildungskursen verwandten Lehrpläne und Methoden getan. Dies ist ein weiterer Grund, Forschungstätigkeiten zu ermutigen.

Forschung

Bedarf an Forschungsspezialisten

71. Da die Erwachsenenbildung immer noch ein aufstrebendes Feld in Studium und Praxis ist, erscheint es notwendig, objektiv und systematisch, Eignung und Wirkung des bisher geleisteten zu überprüfen. Die empirische und operationale Forschung auf dem Gebiet der Erwachsenenbildung wurde bisher im allgemeinen vernachlässigt. Fast die gesamte Zeit und fast alle Mittel der Erziehungsabteilungen wurden pädagogischen Fragen gewidmet. Aus diesem Grunde ist ein Personentyp für die Zukunft der Erwachsenenbildung von zentraler Bedeutung: Der Forschungsspezialist.

72. Einige Delegierte setzten sich für die Annahme des Ausdrucks „Andragogik" anstelle des Ausdrucks „Pädagogik" ein, um die Erforschung der mit der Unterrichtung von Erwachsenen verbundenen Probleme besser zu definieren. Andere Delegierte fanden diesen Ausdruck ungeeignet.

73. Bei der Zuteilung von Aufgaben an Erwachsenenbildner zeigte sich die Tendenz, derart viele Berufsfunktionen neben denen der Forschung zu unterstreichen, daß jene für eine Durchführung von Forschungsaufgaben Geeigneten nur selten angemessene Chancen erhielten, ihre Fachkenntnis anzuwenden.

Daher betonte die Kommission, daß in Regierungsabteilungen, in Bildungseinrichtungen und in allen größeren Programmorganisationen Forschungsvorhaben gefördert werden sollten.

74. Ein wesentlicher Teil der Forschung auf dem Gebiet der Erwachsenenbildung muß notwendigerweise auf Hochschulebene stattfinden. Bestehende Universitätsabteilungen für Erwachsenenbildung sollten daher verstärkt, und in Ländern und Teilen von Ländern, wo solche Abteilungen nicht bestehen, sollten sie geschaffen werden. Wissenschaftler in Universitätsabteilungen mit Verbindungen zur Erwachsenenbildung wie z. B. Soziologen, Psychologen und Wirtschaftswissenschaftler sollten ebenfalls für einschlägige Forschungen gewonnen werden.

Forschungsschwerpunkte

75. Definition und Aufzählung von Forschungsproblemen sollten angesichts des ungeheuren bevorstehenden Arbeitsvolumens mit gleicher Dringlichkeit fortgesetzt werden.

76. Forschung wird besonders auf folgenden Gebieten gebraucht: Methoden der Feststellung und Erfüllung von Bedürfnissen Erwachsener, die Funktionen von Erwachsenenbildungseinrichtungen, Probleme der Vermehrung und Ausbildung des Personals, Nutzung von Geräten und Lehrmaterial.

77. Ein Forschungsgebiet, dessen Entwicklung soeben begonnen hat, bedarf jetzt eines starken Nachdrucks: Vergleichende Studien. Vergleiche nationaler Erwachsenenbildungssysteme quer durch verschiedene Kulturen sind für den Aufbau eines detaillierten Verständnisses von Ziel und Funktion der Erwachsenenbildung in einzelnen Ländern unerläßlich. Eine Datensammlung würde die Mitgliedstaaten instand setzen, ihre eigenen Systeme zu entwickeln und den internationalen und regionalen Austausch von Ideen und Erfahrungen erleichtern.

Kommunikation mit den Praktikern

78. Im allgemeinen ist die Kommunikation zwischen Forschern und Praktikern unzureichend. Letztere sollten an Entwurf und Durchführung von Forschungsprojekten teilnehmen und bei der Führung von Aufzeichnungen und der Bewertung von Programmen Hilfe erhalten, so daß der Datenfluß von der Praxis her verbessert wird.

79. Eine Anzahl in verschiedenen Bereichen der Wirtschaft tätiger Personen hat ebenfalls mit für die Erwachsenenbildung wesentlichen Problemen und Daten zu tun. Der Forscher sollte ihren Rat und ihre Zusammenarbeit suchen.

Verbreitung der Forschungsergebnisse

80. Die Kommission betonte die Notwendigkeit einer weiteren Verbreitung von Forschungsergebnissen; nicht nur innerhalb jedes Landes, sondern auch international. Für eine schnellere und wirksamere Bekanntmachung der Forschungsergebnisse werden mehr Dokumentationszentren benötigt. Mehr kommentierte Bibliographien und aktuelle Listen von Forschungsprojekten, die vor kurzem vollendet wurden oder sich gerade in der Durchführung befinden, wären von großem Wert.

Schlußbemerkungen

81. Die Aussprachen in der Kommission machten klar, daß der volle Einsatz der Massenmedien im Dienste der Erwachsenenbildung, die Entwicklung von Methoden und Techniken, die dem Erwachsenen wirksam beim Lernen helfen können, die Ausbildung von Personal, das zu dieser Hilfe fähig ist und die Einleitung von Forschungen, welche die Bedürfnisse der Menschen erkunden sowie jene Mittel, diese zu erfüllen, derartig miteinander verquickt sind, daß nur die Formulierung einer umfassenden Strategie für die Entwicklung der Erwachsenenbildung im Kontext lebenslanger Bildung weiterführen kann. Abschließend betonte die Kommission, daß die Erwachsenenbildung nicht nur als Erziehungsprozeß sondern auch als Bestandteil sozialer Veränderung verstanden werden müsse.

V. Empfehlungen

Empfehlung 1:
Nationale Entwicklungspläne für die Erwachsenenbildung

Überzeugt, daß Erwachsenenbildung ein integraler Teil der lebenslangen Bildung ist, untrennbar mit dem Ziel verbunden, die Bildungsmöglichkeiten für alle auszuweiten,

anerkennend, daß Bildung der Weg ist, durch den jeder die Kenntnisse erwerben kann, die notwendig sind, um den sozialen Wandel zu verstehen, sich an ihm zu beteiligen und die Qualität des Lebens zu verbessern,

berücksichtigend, daß Planung, Verwaltung und Finanzierung der Erwachsenenbildung zur nationalen Bildungsplanung jedes Staates gehören,

berücksichtigend, daß die Arbeiterorganisationen eine wichtige Rolle in der wirtschaftlichen, gesellschaftlichen und kulturellen Entwicklung spielen,

empfiehlt die Konferenz den Mitgliedstaaten, eine Strategie für die Erwachsenenbildung zu entwickeln, die darauf gerichtet ist, in den Erwachsenen ein kritisches Bewußtsein ihrer historischen und kulturellen Welt, in der sie leben, zu wecken und sie zu befähigen, sie in schöpferischer Weise zu verändern. Bei der Verwirklichung dieser Strategie sind folgende Faktoren zu beachten:

1. Der allgemeine Zugang zur Erwachsenenbildung, einschließlich der Alphabetisierung, soll so ausgeweitet werden, daß Lerngelegenheiten allen Bürgern ohne Unterschied der Rasse, der Farbe, des Glaubens, des Geschlechts, des Alters, der gesellschaftlichen Stellung oder der Vorbildung geboten werden.
2. Innerhalb der Konzeption lebenslanger Bildung soll die Erwachsenenbildung als ein besonderer und unentbehrlicher Teil des Bildungswesens anerkannt werden; legislative oder andere Maßnahmen sollen ergriffen werden, die die Entwicklung von Einrichtungen der Erwachsenenbildung auf breitester Basis unterstützen.
3. Die Schulbildung soll junge Menschen zum selbständigen Weiterlernen befähigen.
4. Inhalte und Methoden der Erwachsenenbildung sollen den Bedürfnissen und Interessen der einzelnen Lernenden entsprechen und zur Entwicklung

der lokalen Gemeinschaften beitragen, indem sie die Bedeutung der Mitarbeit der ganzen Gemeinde mit Hilfe informeller Methoden betonen, besonders durch die Bildung von Selbstlerngruppen, von Diskussionsgruppen und durch Erwachsenenbildung am Arbeitsplatz.
5. Die Ziele der Erwachsenenbildung sollen die aktive Teilnahme und die Mitverantwortung des Lernenden auf jeder Stufe der Planung, Durchführung und Evaluierung der Programme einschließen.
6. Umfragen und Studien sollen durchgeführt werden, die jene Faktoren bestimmen und bewerten, welche die Erwachsenen zur Weiterbildung motivieren.
7. Da Programme der Erwachsenenbildung auf viele Weisen initiiert werden können, soll die Demokratisierung der Bildung dadurch gefördert werden, daß sich verschiedene interessierte Organisationen wie Gewerkschaften, Unternehmerorganisationen, Regierungsstellen, freiwillige und soziale Organisationen, soweit sie sich der Erwachsenenbildung widmen, an den Entscheidungen über Organisation, Durchführung, Inhalt oder Programme und die Wahl der Lehrmethoden beteiligen.
8. Schritte sollen unternommen werden, die zum Abschluß von gemeinschaftlichen Vereinbarungen über Erwachsenenbildung führen.
9. Ziele und Methoden, die für die Erwachsenenbildung charakteristisch sind, sollen von den öffentlichen Einrichtungen der Weiterbildung verwendet werden, um deren Benützern zu neuen Einstellungen und neuen Werten und Zielsetzungen zu verhelfen.
10. Die funktionale Alphabetisierung soll nicht allein der sozio-ökonomischen Entwicklung dienen, sondern auch die Weckung des gesellschaftlichen Bewußtseins unter erwachsenen Analphabeten zum Ziel haben, damit diese aktive Mitarbeiter beim Aufbau einer neuen und besseren Gesellschaft werden können.

Empfehlung 2:
Ziele der Erwachsenenbildung

Angesichts der Tatsache, daß immer noch einige Staaten zum Kriege Zuflucht nehmen, um internationale Probleme zu lösen, und daß menschliche Talente und materielle Mittel oft für eine Anhäufung der Rüstung mißbraucht werden,
feststellend, daß Frieden, demokratische Mitbestimmung und eine diesen Zielen förderliche Umwelt vorrangige und lebensnotwendige Bedingungen für die menschliche Entwicklung sind,

jedoch auch feststellend, daß sich die Kluft zwischen reich und arm im nationalen wie im internationalen Zusammenleben der Völker immer noch verbreitert,

daran erinnernd, daß die Regierungskonferenz über Kulturpolitik in Europa (Helsinki 1972) empfohlen hat, wirtschaftliche und soziale Bedingungen zu schaffen, die der gesamten Bevölkerung freien und gleichen Zugang zur Kultur gewähren, und die materiellen Möglichkeiten zu bieten, die für eine umfassende kulturelle Entwicklung und für die freie Ausübung schöpferischer Tätigkeiten notwendig sind,

sich vergegenwärtigend, daß die Umwelt mißbraucht und verschmutzt und dadurch die menschliche Existenz gefährdet wird,

überzeugt, daß es eine fundamentale Aufgabe der Erwachsenenbildung wie der Bildung überhaupt ist, das öffentliche Bewußtsein für die wirtschaftlichen, gesellschaftlichen und politischen Ursachen zu wecken und zu stärken, die jenen Zuständen zugrundeliegen und den Willen und die Fähigkeit der Menschen zu entwickeln, sie zu verändern,

darauf hinweisend, daß es nicht genügt, wenn sich die Erwachsenenbildner einseitig nur mit den realen Möglichkeiten, Methoden und Techniken beschäftigen, sondern da es wesentlich ist, den Zielen und den Inhalten der Bildung den Vorrang einzuräumen,

empfiehlt die Konferenz den Mitgliedstaaten und der UNESCO, im Rahmen ihrer Erwachsenenbildungsprogramme Schwerpunkte zu setzen:

1. Bildung zur Förderung der geistigen Werte, des Friedens, der internationalen Verständigung und Zusammenarbeit und zur Beseitigung aller Formen der Vorherrschaft in den internationalen Beziehungen;
2. Bildung zur wirtschaftlichen, gesellschaftlichen und kulturellen Gleichrangigkeit sowohl auf nationaler als auch internationaler Ebene mit besonderer Betonung der Entwicklung einer Solidarität zwischen den entwickelten und den Entwicklungsländern;
3. Bildung für den Schutz und die Verbesserung der Umwelt und deren Gestaltung, so daß sie zur kulturellen Entwicklung beiträgt;
4. Bildung zur Ermutigung der Menschen, an der Bestimmung der Ziele teilzunehmen, die ihre Gesellschaft erstrebt und zur Entwicklung von Einstellungen und Fähigkeiten, die eine solche Teilnahme sinnvoll und wirksam machen.

Empfehlung 3:
Chancengleichheit für die Frau

Eingedenk der Tatsache, daß soziale und andere Benachteiligungen in vielen Ländern die Frauen daran hindern, ihren gleichrangigen Platz in der Gesellschaft einzunehmen,

anerkennend, daß die Gleichberechtigung der Frauen beim Zugang zur Bildung wesentlich für die Demokratisierung des Erziehungswesens ist,

empfiehlt die Konferenz den Mitgliedstaaten, der Entwicklung von solchen Plänen Vorrang zu geben, die den Frauen einen breiteren Zugang zu Bildungsmöglichkeiten bieten, besonders auch zur außerschulischen Bildung.

Empfehlung 4:
Bildungsmöglichkeiten für die Benachteiligten

Getragen von der Überzeugung, daß nach einem Jahrzehnt neuer Tendenzen in der Erwachsenenbildung die zweite Entwicklungsdekade der Vereinten Nationen noch größeres Gewicht auf Demokratisierung und Schaffung von Lernmöglichkeiten für alle legen sollte,

feststellend, daß die Bildungsmöglichkeiten für die privilegierten und für die benachteiligten Gruppen ungleich verteilt sind,

ferner feststellend, daß Arbeiter, die nur einen relativ geringen Zugang zur Bildung gefunden haben, besonders der Erwachsenenbildung bedürfen,

empfiehlt die Konferenz den Mitgliedstaaten,
1. die Zusammenarbeit bei der Entwicklung neuer Bildungsstrategien zur Förderung gleichrangiger Beziehungen zwischen den Sozialgruppen zu verstärken;
2. ihre Bemühungen zur Demokratisierung der Erwachsenenbildung zu verstärken und dabei die Zuteilung der Mittel neu zu überprüfen;
3. in ihren nationalen Entwicklungsplänen für die Schaffung von Arbeitsplätzen Vorsorge zu treffen, die dem Bildungsniveau der Arbeiter und der jungen Menschen entsprechen, wobei besondere Aufmerksamkeit den Bedürfnissen der unterprivilegierten Gruppen geschenkt werden muß;
4. Zeugnisse und Qualifikationen, die außerhalb des formalen Schulsystems erworben wurden, voll anzuerkennen.

Ferner *empfiehlt die Konferenz der UNESCO,*
1. in ihrem Programm und Budget der Förderung jener Bildungsmaßnahmen den Vorrang zu geben, die den Bedürfnissen der unterprivilegierten Gruppen entspechen;

2. die Sonderorganisationen der Vereinten Nationen aufzufordern, bei der Koordination und Entwicklung von Programmen für die unterprivilegierten Gruppen zusammenzuarbeiten;
3. mit Hilfe ihrer Institute einen umfassenden Überblick über die Arbeit der regionalen und internationalen Organisationen auf diesem Gebiet zu erarbeiten;
4. Möglichkeiten zu prüfen
   a) Informationen über die Bildungsmaßnahmen zu sammeln und zu verbreiten, die sich für die Unterprivilegierten eignen, wobei vergleichende Studien thematischer Art über Probleme wie Hunger, Wohnverhältnisse, Gesundheit, Leben in den Städten, Automation usw. einbezogen werden sollen;
   b) Seminare und Austauschaktionen zwischen den mehr und den weniger entwickelten Ländern für jene zu organisieren, die an der Entwicklungsarbeit für die Benachteiligten beteiligt sind, damit neue Bildungsmaßnahmen für sie gefunden werden können.

Empfehlung 5:
Außerschulische Jugenderziehung

Im Hinblick auf die bestehende Kluft zwischen dem formalen Bildungssystem und der Erwachsenenbildung, die in vielen Ländern durch die Tendenz, daß Kinder und junge Menschen vorzeitig aus den Schulen auszuscheiden, noch vertieft wird,

empfiehlt die Konferenz den Mitgliedstaaten,
1. die Möglichkeiten der Ausbildung zur selbständigen Arbeit sowie die außerschulische Bildung für junge Menschen zu erweitern und zu verbessern;
2. die Bildungsausgaben mit der Maßgabe zu erhöhen, geeignete Methoden gegen den vorzeitigen Schulabgang zu entwickeln.

Empfehlung 6:
Maßnahmen zur Förderung der Arbeiterbildung

In der Überlegung, daß die meisten Länder im Rahmen demokratischer Kultur und nationaler Interessen tiefgreifende Reformen des Bildungswesens vornehmen müssen und die Erwachsenenbildung als ein integraler Teil dazu gerechnet werden muß, *von der Vorstellung* bestimmt, daß Bildung als Ganzheit der Mittel und Methoden zu verstehen ist, durch die jeder die Gelegenheit erhalten kann, sein Verständnis der sich wandelnden Welt ständig zu verbessern, und damit befähigt wird, an diesem Wandel und dem allgemeinen Fortschritt teilnehmen zu können,

in der Erwägung, daß viele Bausteine der Kultur erst zu einem Ganzen führen, dessen Elemente dialektisch miteinander verbunden sind, so daß kein einzelnes von ihnen besonders bevorzugt werden sollte, und daß in dem heutigen Zeitalter der wissenschaftlichen und technischen Revolution die Wissenschaften einen integralen Teil der Kultur bilden,

überzeugt, daß die Erwachsenenbildung vor allem jenen zugute kommen sollte, die ihrer noch am meisten entbehren, nämlich den Arbeitern in Stadt und Land,

im Bewußtsein, daß es das erste Anliegen der Arbeiter ist, einem Beruf entsprechend ihren Neigungen und Eignungen nachgehen zu können und entsprechend dem Wert ihrer Arbeit entlohnt zu werden und Aufstiegsmöglichkeiten zu haben, und daß diese Tatsache den Ansatzpunkt für weitere Aufgaben der Erwachsenenbildung, die den umfassenden Bestrebungen des Individuums als Bürger entgegenkommen, bilden sollte,

jedoch feststellend, daß die gesellschaftlichen und wirtschaftlichen Bedingungen, die den Arbeitern auferlegt sind, immer noch das Haupthindernis für die Entwicklung ihrer Bildung darstellen,

empfiehlt die Konferenz den Mitgliedstaaten, vordringlich die Maßnahmen zu ergreifen, durch die

1. die Stellung und die Lebens- und Arbeitsbedingungen der Arbeiterklasse verbessert werden, insbesondere dadurch, daß ihr ein sich ständig entwickelndes Bildungssystem bereitgestellt wird;
2. die schrittweise Schaffung von genügend Arbeitsplätzen im Rahmen der staatlichen Gesamtplanung, die dem von den Arbeitern und Jugendlichen erreichten Bildungsniveau entsprechen, sichergestellt wird; dadurch kann in vielen Ländern ein Beitrag zur Lösung des Problems der Abwanderung qualifizierter Fachkräfte, die dem nationalen Interesse entgegensteht, geleistet werden;
3. die am meisten benachteiligten Gruppen, einschließlich der Wanderarbeiter, ungelernten Landarbeiter, behinderten Arbeiter, berufstätigen Frauen und Jugendlichen, der Arbeitslosen usw., an den Bildungsaktivitäten entsprechend ihren Bedürfnssen teilnehmen können;
4. die körperlich und geistig arbeitenden Menschen, wie schon in vielen Ländern, überall in den Genuß folgender Vorteile gelangen:
   a) der gesetzlichen Anerkennung des Rechtes auf lebenslange Bildung und

Ausbildung sowohl beruflicher wie allgemeiner Art während der Arbeitszeit und ohne Einkommensverlust sowie auf bezahlten Bildungsurlaub, der für die Fortsetzung ihrer Studien notwendig ist;
b) der Anerkennung von Zeugnissen und Qualifikationen, die über die Erwachsenenbildung erworben wurden und deren Berücksichtigung in verbindlichen Teilen der Kollektivverträge;
c) einer Gesetzgebung, die den Arbeitslosen das Recht auf eine Berufsausbildung gibt, die wie die Arbeit bezahlt wird;
d) der Beteiligung der öffentlichen Stellen an der Deckung der Kosten der Erwachsenenbildung, wobei den Gewerkschaften als Vertretern der Arbeiterschaft das volle Recht zuzuerkennen ist, an der Bestimmung und Gestaltung der Programme, an der Verwaltung der zugeteilten Mittel und an der Durchführung der Tätigkeiten der Erwachsenenbildung mitzuwirken;
5. Vorrang und besondere Aufmerksamkeit der Ausbildung jener pädagogischen und organisatorischen Mitarbeiter in der Erwachsenenbildung zuteil wird, die aus den Arbeiterschichten kommen und in deren Umgebung wieder tätig werden;
empfiehlt die Konferenz ferner den Mitgliedstaaten und der UNESCO, im Hinblick auf die großen Schwierigkeiten in den Entwicklungsländern, in den früheren Kolonien und in den Befreiungsbewegungen der Völker, die noch unter Kolonialherrschaft stehen, ihre vielfältigen Hilfsmaßnahmen in diesen Ländern zur Verwirklichung dieser Empfehlungen zu verstärken, damit diese möglichst bald selber Einrichtungen der Erwachsenenbildung aufbauen können.

Empfehlung 7:
Vorbereitung einer internationalen Empfehlung über die Erwachsenenbildung

Geleitet vom Geist der Charta der Vereinten Nationen, der Verfassung der UNESCO und der Allgemeinen Erklärung der Menschenrechte,
überzeugt davon, daß das Recht jedes Individuums und jeder Nation auf Bildung, d. h. das Recht zu lernen und ständig weiterzulernen, gleichberechtigt neben den anderen Grundrechten wie z. B. Gesundheit und hygienische Lebensverhältnisse, Sicherheit, bürgerliche Freiheit usw. steht,
jedoch feststellend, daß, während die Erwachsenenbildung in den entwickelten Ländern vor den Problemen des sozialen Aufstiegs und der Anpassung an die wissenschaftlichen, technischen, wirtschaftlichen und gesellschaft-

lichen Lebensbedingungen in der sich ständig ändernden Welt von heute steht, fast ein Drittel der Menschheit, vor allem in Afrika, Asien und Lateinamerika, weiterhin von totalem Analphabetismus betroffen ist,

im Bewußtsein, daß die Erwachsenenbildung auch weiterhin ein ernstes Anliegen der entwickelten Nationen und Gesellschaften ist, für die Völker der Dritten Welt jedoch ein Problem tragischen Ausmaßes darstellt, dessen Nichtbewältigung alle Bemühungen um Fortschritt und gesellschaftlichen Aufstieg zunichte zu machen droht,

eingedenk der Tatsache, daß die Menschheit gemeinsame Probleme und ein gemeinsames Schicksal teilt, das alle Länder und alle Völker verpflichtet, in Solidarität zu handeln, indem sie ihre Bemühungen aufeinander abstimmen und ihre Mittel zusammenlegen, um angemessene Lösungen zu finden mit dem Ziel, die universale Entfaltung des Menschen zu sichern,

eingedenk auch der Tatsache, daß die internationale Gemeinschaft, die ein für allemal der gerechten Sache der Entkolonialisierung als Kraft für den Frieden und für den Fortschritt der gesamten Menschheit zugestimmt hat, verpflichtet ist, den Vorgang der Entkolonialisierung zu Ende zu führen, indem sie geeignete Wege und Mittel sucht, dem Drittel der Menschheit zu helfen, das noch um die Befreiung vom Übel des totalen Analphabetismus kämpft,

bedenkend, daß die Entkolonialisierung nie ihr Ziel voll erreichen wird, wenn ein Drittel der Menschheit durch den Analphabetismus nicht nur ein enttäuschter Betrachter des Fortschritts der anderen zwei Drittel bleibt, sondern auch keinen Anteil an der Förderung der Entwicklung nehmen und keinen Gewinn aus dem allgemeinen Fortschritt ziehen kann,

ferner bedenkend, daß die internationale Zusammenarbeit ein entscheidender Faktor für die Entwicklung der Bildung ist und daß Hilfe für die große Mehrheit der Völker der Dritten Welt auf diesem Gebiet sowohl eine vitale Notwendigkeit als auch einen Akt der Gerechtigkeit, der Weisheit und der geschichtlichen Wiedergutmachung darstellt,

stellt die Konferenz fest, daß die Anerkennung der Bedeutung der Erwachsenenbildung für die Verwirklichung der Bestrebungen des einzelnen wie für die wirtschaftliche und kulturelle Entwicklung und den gesellschaftlichen Fortschritt insgesamt noch weit davon entfernt ist, sich in der wünschenswerten Weise durch praktische Maßnahmen der öffentlichen Stellen und ihre Zusammenarbeit mit den gesellschaftlichen Organisationen zu zeigen,

erinnert sie daran, daß, gleich welches Entwicklungsniveau die einzelnen Länder erreicht haben, für diese keine Aussicht besteht, ihre selbstgesetzten Entwicklungsziele zu verwirklichen und sich den Veränderungen aller Art, die in jeder Gesellschaft mit zunehmender Beschleunigung vor sich gehen, an-

zupassen, wenn sie nicht der Erwachsenenbildung eine vermehrte und ständige Aufmerksamkeit schenken und ihr die notwendigen menschlichen und materiellen Hilfen zukommen lassen,
wiederholt sie, daß eine echte Erneuerung des Bildungswesens und die Grundlegung einer lebenslangen Bildung es erforderlich machen, Voraussetzungen zu schaffen, unter denen die Erwachsenen Antworten auf ihre eigenen Lebensfragen finden, indem sie aus einer Vielzahl von Bildungsangeboten wählen können, deren Ziele und Inhalte sie selbst zu bestimmen geholfen haben,
hält sie die Ausarbeitung und Annahme einer internationalen Empfehlung, die die oben erwähnten Grundprinzipien und Probleme berührt, für hilfreich, um darin Wege zur quantitativen und qualitativen Verbesserung der Erwachsenenbildung und zur Beseitigung des Analphabetismus aufzuzeigen,
und *empfiehlt daher der UNESCO* zu prüfen, wie möglichst bald entsprechend den Verfahrensregeln bei Empfehlungen und Internationalen Konventionen (Verfassung Art. 4, Abs. 4) eine Empfehlung an die Mitgliedstaaten zum Ausbau der Erwachsenenbildung vorbereitet werden kann, die der Emanzipation des Menschen dient.

Empfehlung 8:
Anerkennung der Erwachsenenbildung als ein bedeutender Teil des Bildungssystems und Verstärkung der Aktionen der UNESCO in diesem Bereich

Anerkennend, daß nationale Zielsetzungen und nationale Maßnahmen für die Förderung der Erwachsenenbildung in allen ihren Teilen von Bedeutung sind,
sich vergegenwärtigend, daß die Erwachsenenbildung auch als Mittel nationaler Integration und Entwicklung dient, aber in der Mehrheit der Fälle in den nationalen Entwicklungsplänen nur eine untergeordnete Rolle im Gesamtprozeß spielt,
überzeugt, daß in keinem Land die Bildung im allgemeinen und die Erwachsenenbildung im besonderen noch länger nur als soziale Dienstleistung betrachtet werden kann, sondern eine notwendige nationale Investition darstellt,
darauf hinweisend, daß die Erwachsenenbildung nicht als ein isoliertes Gebiet betrachtet, sondern im Zusammenhang des gesamten Bildungssystems gesehen werden muß,
ferner darauf hinweisend, daß die empirische Forschung gezeigt hat, daß die Bereitschaft zur Teilnahme an Bildungsveranstaltungen, besonders an jenen

der Erwachsenenbildung, weitgehend von der Art der Erziehung, die der Mensch in seinem Vorschul- und Schulalter erhalten hat, und ebenso auch vom Stand der Demokratisierung des Erziehungswesens abhängt,

feststellend, daß während der letzten zehn Jahre die UNESCO in der Entwicklung des Konzepts der lebenslangen Bildung eine bedeutende Rolle gespielt hat, die sie auch in Zukunft fortsetzen sollte,

empfiehlt die Konferenz den Mitgliedstaaten,

1. der Erwachsenenbildung als einem wesentlichen Teil ihres Bildungssystems die ihr angemessene Bedeutung einzuräumen,
2. Programme der Erwachsenenbildung im Rahmen der Gemeinwesenentwicklung zu planen und sie dem gegenwärtigen und zukünftigen Bedarf an Arbeitskräften anzupassen, so daß sich die Bemühungen der Erwachsenenbildung unmittelbar in der wirtschaftlichen und gesellschaftlichen Entwicklung des Landes auswirken können,
3. die Planung und Ausführung der Programme der Erwachsenenbildung in die umfassende nationale Bildungsplanung einzubeziehen,
4. die Planer der Erwachsenenbildung auf die verschiedenen Schwerpunkte in der Entwicklungsplanung ihrer Länder aufmerksam zu machen und zu diesem Zweck eine enge Verbindung zu den für die nationale, wirtschaftliche und gesellschaftliche Planung zuständigen öffentlichen Stellen herzustellen,
5. einen ausreichenden Prozentsatz ihres Haushalts, besonders des Bildungsetats, der Erwachsenenbildung zuzuteilen,
6. neben weiteren staatlichen Maßnahmen die Betriebe, die aus der Erwachsenenbildung beträchtlichen Nutzen ziehen, aufzufordern, angemessene Beiträge zur Deckung ihrer Kosten beizusteuern,
7. alle Ministerien und Regierungsstellen auf die Tatsache hinzuweisen, daß sie alle in gewissem Ausmaß an der Erwachsenenbildung beteiligt sind und daß sie deshalb die für die Koordination verantwortlichen zentralen Stellen unterstützen sollten,

empfiehlt die Konferenz ferner der UNESCO,

1. die Bemühungen um die Durchsetzung des Konzeptes der lebenslangen Bildung zu intensivieren und ihr Sekretariat dementsprechend neu zu organisieren,
2. ihr Erwachsenenbildungsprogramm wesentlich zu verstärken, besonders im Rahmen des International Bureau of Education, des International Institute of Educational Planning, des UNESCO-Instituts für Pädagogik, Hamburg, und des International Advisory Committee for Out-of-School Education, dessen Arbeit flexibler und dynamischer werden sollte,
3. den Mitgliedstaaten auf deren Ersuchen zu helfen, ihre Bemühungen um

die Integration der Erwachsenenbildung in das Bildungssystem voranzutreiben,
4. ihre Aufgaben als internationales „clearing-house" für öffentliche und private Einrichtungen der Erwachsenenbildung auszubauen,
5. regelmäßig nützliche Informationen zu veröffentlichen und zu verbreiten,
6. einen umfassenden Überblick über die bisher von den regionalen und internationalen Organisationen und Institutionen geleisteten Arbeiten auf dem Gebiet der lebenslangen integrierten Bildung zu erarbeiten,
7. direkte Kontakte und direkten Austausch von Materialien und Informationen sowie die Zusammenarbeit zwischen den Stellen, die ständig mit dieser Aufgabe betraut sind, zu fördern.

Empfehlung 9:
Organisation der Erwachsenenbildung

Im Hinblick darauf, daß die Erwachsenenbildung dem Bürger ein Instrument der Emanzipation bietet in einer Gesellschaft, die er aufzubauen und von innen zu ändern aufgerufen ist,
im Blick auch darauf, daß die Erwachsenenbildung Fähigkeiten vermitteln und eine starke Kraft sein kann, die die Veränderung der Einstellungen der Menschen in den Entwicklungsländern mitbestimmt und als ein kräftiger Katalysator im Entwicklungsvorgang wirkt,
überzeugt, daß die zunehmende Beteiligung der Erwachsenen und ihrer Repräsentanten an der Bestimmung der Programminhalte, der Lernprozesse und ihrer Organisation von größter Bedeutung ist,

empfiehlt die Konferenz den Mitgliedstaaten,
1. im für notwendig gehaltenen Ausmaß groß angelegte Bildungsprogramme für die umfassende Entfaltung der Individuen im Rahmen der jeweiligen sozialen und ökonomischen Strukturveränderungen zu entwickeln,
2. die praxis- und umweltbezogene Kenntnis über ländliche Gemeinwesen zu verbessern,
3. die von den Regierungen unabhängigen Organisationen zur Teilnahme an gesamtstaatlichen Erwachsenenbildungsprogrammen zu ermutigen,
4. die Möglichkeiten zu erkunden, nationale Verbände der Erwachsenenbildung zu schaffen, um die Teilnahme der verschiedenen Organisationen an der Entwicklung von Maßnahmen und Programmen für die Erwachsenenbildung zu erreichen,
5. zur besseren Verbreitung der Informationen und Kenntnisse über die Erwachsenenbildung nationale Institute für Erwachsenenbildung einzurich-

ten, die als gesamtstaatliche Zentren für die Dokumentation und als Sammelstellen für Informationen über die Erwachsenenbildung sowohl auf nationaler als auch internationaler Ebene dienen, die Tätigkeiten auf dem Gebiet der Erwachsenenbildung im ganzen Land koordinieren und die enge Zusammenarbeit zwischen den Regierungsstellen, den Universitäten und den freiwilligen Organisationen der Erwachsenenbildung sicherstellen sollen.

Empfehlung 10:
Vorrang der Erwachsenenbildung bei der UNESCO und anderen internationalen Organisationen

In Betracht ziehend, daß die Erwachsenenbildung wegen ihres positiven Einflusses auf die wirtschaftliche, gesellschaftliche und kulturelle Entwicklung der Länder eine grundlegende Rolle zu spielen hat,
die Auffassung vertretend, daß Investitionen in Programme der Erwachsenenbildung sich hoch rentieren,
von der Überzeugung geleitet, daß die Förderung der Erwachsenenbildung von größter Bedeutung ist, da durch sie sozialer Aufstieg wie auch eine Verbesserung der Qualität des Lebens der betreffenden Bevölkerungsgruppen ermöglicht werden,

empfiehlt die Konferenz der UNESCO,
1. der Erwachsenenbildung bei der Zuteilung ihrer eigenen Mittel einen Vorrang einzuräumen und die Sonderorganisationen der Vereinten Nationen zu veranlassen, das gleiche zu tun,
2. den größeren Teil der Mittel für die Erwachsenenbildung der Förderung der weniger begünstigten Gruppen zu widmen,
3. ihre Bemühungen um eine bessere Zusammenarbeit zwischen den Einrichtungen der Vereinten Nationen, soweit sie mit der Erwachsenenbildung zu tun haben, fortzusetzen und die bilateralen und multilateralen Finanzierungsorgane, besonders die International Bank for Reconstruction and Development aufzufordern, der Finanzierung nationaler Erwachsenenbildungsprogramme einen angemessenen Vorrang einzuräumen und langfristig Geldmittel bereitzustellen.

Empfehlung 11:
Bildung zur kulturellen Entfaltung

Im Hinblick auf die Bedeutung der Kunsterziehung und des reichen Gebrauchs von Büchern in der Erwachsenenbildung,
jedoch feststellend, daß Museen und Büchereien in den meisten Ländern nur von einer privilegierten Minderheit benützt werden,

empfiehlt die Konferenz den Mitgliedstaaten,
in Zusammenarbeit mit dem Internationalen Museumsrat, dem Internationalen Verband der Büchereivereinigungen und anderen internationalen Organisationen für Kunst und Literatur, Methoden zur Popularisierung der Kultur zu entwickeln und die Lesegewohnheiten zu pflegen, um die Massen zu befähigen, sich kulturell zu entfalten und eine kreative Rolle zu spielen,
und empfiehlt ferner der UNESCO,
bei der Vorbereitung ihres nächsten Programms für die Erwachsenenbildung die Empfehlungen der UNESCO-Konferenzen über Kulturpolitik (Venedig 1970, Helsinki 1972) zu berücksichtigen.

Empfehlung 12:
Elternbildung

Überzeugt, daß jeder Versuch einer Reform des Bildungssystems in hohem Maße vom Verständnis und der aktiven Mitwirkung der Eltern abhängt,
überzeugt auch, daß die Bejahung der Idee der lebenslangen Bildung die Kooperation derjenigen voraussetzt, deren Kinder die Bildungseinrichtungen von morgen besuchen werden,

empfiehlt die Konferenz der UNESCO, in ihrem Programm dem Problem der Elternbildung durch fundierte Versuchsprojekte größere Bedeutung beizumessen.

Empfehlung 13:
Erfahrungsaustausch über neue integrierte Bildungssysteme

Angesichts der Tatsache, daß die Erwachsenenbildung in integrierten Bildungssystemen im Rahmen der lebenslangen Bildung als Faktor der Demokratisierung der Bildung und der wirtschaftlichen, gesellschaftlichen und kulturellen Entwicklung eine bedeutende Rolle spielt,
eingedenk aber auch der Tatsache, daß grundsätzliche Probleme der Verwirk-

lichung des Konzeptes der lebenslangen Bildung und der Demokratisierung der Bildung noch ungelöst sind und daß internationale Zusammenarbeit für die Lösung dieser Probleme notwendig ist,

empfiehlt die Konferenz der UNESCO,
1. Vorkehrungen für den Austausch von Erfahrungen zwischen den verschiedenen Ländern bezüglich der Planung und Forschung auf dem Gebiet der Erwachsenenbildung zu treffen und eine gründliche wissenschaftliche Analyse der Verwirklichung von neuen integrierten Bildungssystemen im Rahmen der spezifischen Bedingungen der jeweiligen Ländern zu fördern,
2. in diesen Studien klar die Zusammenhänge zwischen den verschiedenen Subsystemen (formale Schulbildung, Ausbildung, ergänzende Bildung, Berufsberatung, Bildung in ländlichen Bereichen usw.) aufzuzeigen,
3. den Mitgliedstaaten, die dies wünschen, zu helfen, Modelle der lebenslangen Bildung zu entwickeln, die ihre besonderen Verhältnisse, ihren kulturellen Hintergrund und ihre wirtschaftliche und gesellschaftliche Entwicklung berücksichtigen.

Empfehlung 14:
Sammlung und Verarbeitung von Daten

Darauf hinweisend, daß es unmöglich ist, ernsthafte Untersuchungen der Bildungsaktivitäten mit den derzeit üblichen begrifflichen und technischen Instrumentarien durchzuführen; daß es an einer Methodologie zur Erfassung der verschiedenen Formen der Erwachsenenbildung mangelt und daß statistische Daten unbedingt notwendig sind, damit Pläne für die Erwachsenenbildung aufgestellt und verwirklicht werden können,

empfiehlt die Konferenz der UNESCO,
1. die systematische Forschung zum Zweck der Aufstellung von Kriterien für die Klassifizierung der Erwachsenenbildungsaktivitäten zu fördern,
2. die Mitgliedstaaten aufzufordern, solche Forschungen zu unterstützen,
3. ein erstes Projekt zur Sammlung von Unterlagen ins Auge zu fassen, damit nach den notwendigen Analysen, Bewertungen und Berichtigungen ein dauerhaftes System für die Sammlung und Verarbeitung der statistischen Angaben über die Erwachsenenbildung, die sowohl für Fragen der Evaluierung wie auch der Prognostizierung notwendig sind, aufgestellt werden kann.

Empfehlung 15:
Regionalseminare über Planung, Finanzierung und Verwaltung der Erwachsenenbildung — Förderung vergleichender Studien

Unter Hinweis darauf, daß die Bildungsplanung wie jede Planung ein System von Konzipierung – Programmierung – Budgetierung verlangt und daß die Erfordernisse der lebenslangen Bildung eine koordinierte Planung der Schul- und Erwachsenenbildungssysteme voraussetzen,
zugleich auch feststellend, daß die Schwierigkeiten bei der Planung der Erwachsenenbildung ihre Ursachen in der mangelnden Einsicht der Verantwortlichen, im Mangel an Fachleuten und im Fehlen vergleichbarer Unterlagen haben,

empfiehlt die Konferenz der UNESCO,
1. möglichst oft Regionalseminare für verschiedene Kategorien von Teilnehmern über die Planung, Verwaltung und Finanzierung der Erwachsenenbildung zu organisieren,
2. internationale Zusammenkünfte kleiner Gruppen zum vergleichenden Studium der Erwachsenenbildung zu fördern.

Empfehlung 16:
Internationale Aktionen gegen den Analphabetismus

Sich vergegenwärtigend, daß in den meisten Ländern der Dritten Welt der Prozentsatz der Analphabeten unter den Erwachsenen erschreckend hoch ist,
feststellend, daß der Analphabetismus die Menschheit praktisch in zwei „Welten" teilt und daß diese Tatsache eine der ständigen Ursachen für geringes wirtschaftliches Wachstum, soziale Spannungen und politische Unsicherheit nicht nur in den einzelnen Staaten, sondern auch in der ganzen Welt ist,
daß die Lösung dieses Problems riesige finanzielle Mittel und menschliche Kräfte in den Entwicklungsländern, die schon jetzt einen großen Teil ihres Bruttonationalproduktes der Bildung zuteilen, verlangt,

empfiehlt die Konferenz der UNESCO, nach Aufforderung durch Mitgliedstaaten und in Zusammenarbeit mit anderen Organisationen des Systems der Vereinten Nationen oder über Treuhand-Fonds (funds-in-trust)
1. in zunehmendem Maße bei der Ausbildung von Fach-, Verwaltungs- und technischem Personal durch lokale Einrichtungen zu helfen,
2. die Universitäten zu unterstützen, eine dynamischere Rolle auf den Ge-

bieten der Forschung, der Entwicklung besserer Methoden, des Gebrauchs der Massenmedien und von Anschauungsmaterial in der Erwachsenenbildung zu spielen und den Austausch von Fachpersonal zwischen den Universitäten zu ermutigen,
3. die Forschungsarbeiten lokaler Institutionen über konkrete Probleme der Erwachsenenbildung zu fördern,
4. den Unterricht in Lesen und Schreiben in den Lokalsprachen mit der Absicht zu ermutigen, ein Bewußtsein der sozioökonomischen Lage zu wecken und den Arbeitern dazu zu verhelfen, ihre Fähigkeiten zu verbessern und so integrierte Grundbildungsprogramme im vollen Sinne des Wortes zu schaffen, indem die Analphabeten selber bei den Lehr- und Lernverfahren mitwirken,
5. die lokale Produktion und den Druck von Büchern in vermehrtem Maße zu unterstützen.

Empfehlung 17:
Regionale Institute für Grund- und Erwachsenenbildung

Im Rückblick auf die großen Anstrengungen, die seit der Konferenz von Montreal auf nationaler und internationaler Ebene unternommen wurden, den Schulbesuch von Kindern und Jugendlichen auszuweiten und den Analphabetismus unter den Erwachsenen zu bekämpfen,

dabei feststellend, daß der Prozentsatz der Analphabeten zwar abgenommen hat, die Gesamtsituation jedoch zeigt, daß die absolute Zahl der Analphabeten weiterhin gestiegen ist,

ferner mit Besorgnis feststellend, daß der Analphabetismus in den Entwicklungsländern weiterhin ein ernsthaftes Hemmnis für die Entwicklung darstellt und daß die internationale Zusammenarbeit auf dem Gebiet der Erwachsenenbildung in den letzten Jahren nicht im notwendigen Ausmaß zugenommen hat,

daran erinnernd, daß die Bekämpfung des Analphabetismus als integraler Teil der Erwachsenenbildung zu betrachten ist, besonders in den Entwicklungsländern, wo die Erwachsenenbildung Alphabetisierung als Pflichtfach einschließen muß, und zwar mit besonderem Gewicht auf der funktionalen Grundbildung, eng verbunden mit der gesellschaftlichen, politischen, wirtschaftlichen und kulturellen Entwicklung des Landes,

anerkennend, daß die UNESCO für die Regionalzentren für funktionale Grundbildung in den ländlichen Gebieten der arabischen Staaten (ASFEC) und in Lateinamerika (CREFAL) sowie für das Internationale Institut für

die Methoden der Alphabetisierung Erwachsener (Teheran) wertvolle Hilfe geleistet hat,
feststellend, daß ASFEC und CREFAL eine wichtige Aufgabe für die Ausbildung, die Forschung, die Kommunikation und die Produktion von Unterrichtsmaterial für die Erwachsenenbildung, speziell für die funktionale Grundbildung erfüllen und daß die beiden Zentren noch größere Aufgaben auf diesem Gebiet, einschließlich der Organisation langfristiger Kurse, übernehmen müssen,

empfiehlt die Konferenz der UNESCO
1. sicherzustellen, daß ASFEC, CREFAL und das Internationale Institut für die Methoden der Alphabetisierung Erwachsener (Teheran) zusammen mit anderen regionalen Instituten, die nicht direkt mit der UNESCO verbunden sind (z. B. ICECU in Costa Rica, SENAI und SENAC in Brasilien und SENA in Columbien), ihre Alphabetisierungsprogramme auf das Konzept der lebenslangen Bildung ausrichten, in ihren jeweiligen Regionen die neuen Tendenzen in der Erwachsenenbildung, die bei dieser Konferenz hervorgetreten sind, verbreiten, und bei der Verwirklichung der Empfehlungen der Konferenz mitwirken,
2. in Übereinstimmung mit den Mitgliedstaaten der betreffenden Regionen mit dem Entwicklungsprogramm der Vereinten Nationen (UNDP) zu verhandeln, um dessen finanzielle Unterstützung für diese beiden Zentren zu erhalten, bis die Mitgliedstaaten der betreffenden Regionen schrittweise die finanzielle Verantwortung für sie übernehmen können,
3. die Möglichkeit der Einrichtung eines Regionalzentrums für Alphabetisierung in Afrika zu überprüfen,
4. den Wunsch der betreffenden Mitgliedstaaten zur Kenntnis zu nehmen, daß die UNESCO ihre finanzielle Hilfe für ASFEC, CREFAL und das Internationale Institut für die Methoden der Alphabetisierung Erwachsener (Teheran) fortsetzen möge, um sie zu befähigen, ihre Aufgaben auf dem Gebiet der Bildung unter besonderer Betonung der funktionalen Grundbildung zu erfüllen.

Empfehlung 18:
Mehrzweckzentren für die Erwachsenenbildung

Angesichts der befriedigenden Ergebnisse in den von der UNESCO angeregten Mehrzweckzentren für die Erwachsenenbildung, die einer allseitigen Förderung von Arbeitern in verschiedenen Berufen und anderen Bevölkerungsgruppen zugute kamen, *empfiehlt die Konferenz der UNESCO,* ihre Hilfe bei der Einrichtung solcher Mehrzweckzentren in den Entwicklungsländern auf Gesuch der Mitgliedstaaten und nach Maßgabe der Mittel, die für diesen Zweck aufgebracht werden können, fortzusetzen und damit eine bahnbrechende Initiative zur Ausweitung der Erwachsenenbildung wiederaufzunehmen.

Empfehlung 19:
Internationale Zusammenarbeit zur Entwicklung von Curricula, Baukastensystemen und Medienverbund

Feststellend, daß die Erwachsenenbildung sich besonders für die internationale Zusammenarbeit anbietet,
darauf hinweisend, daß die Erstellung von Curricula besonders schwierig und kostspielig ist,

empfiehlt die Konferenz den Mitgliedstaaten
1. mit Hilfe der UNESCO zu Übereinkünften über die Vorbereitung und Einführung internationaler Standards in den wichtigsten Lernbereichen wie z. B. den Unterricht in Fremdsprachen und in den Grundstudien zu kommen mit der Absicht, ein allgemein anerkanntes System von Lerneinheiten und Zertifikaten aufzubauen (Unit-Credit-System),
2. gemeinsame Maßnahmen zur Schaffung von Multimedia-Programmen zu treffen, mit der Absicht, die hohen Kosten für Programmaufbereitung („software") zu senken.

Empfehlung 20:
Forschung über Behinderungen bei der Verbreitung und der Verwendung audio-visueller Lernmittel

Angesichts der Tatsache, daß die Verwendung der modernen Kommunikationsmittel in der Erwachsenenbildung durch die hohen Produktionskosten und die Kosten für aufbereitete Programme eingeschränkt wird und auch im Hinblick darauf, daß dieses Problem eng mit der Frage des Copyright verbunden ist, mit der sich die UNESCO schon beschäftigt,

empfiehlt die Konferenz der UNESCO und den Mitgliedstaaten, in Zusammenarbeit mit den zuständigen nationalen und internationalen Organisationen alle Aspekte des Problems zu erkunden und zu erforschen und Schritte zu unternehmen, jede Behinderung bei Verbreitung und Verwendung audiovisueller Lernmittel in und zwischen den Mitgliedstaaten aufzuheben.

Empfehlung 21:
Verstärkter Einsatz gegen den Analphabetismus

Angesichts der hervorragenden Bedeutung der Alphabetisierung in der Erwachsenenbildung, die durch die historische Erfahrung der Mitgliedstaaten, die das Problem des Analphabetismus mit Erfolg gelöst haben, bestätigt wird,

empfiehlt die Konferenz den Mitgliedstaaten, in denen der Anteil der Analphabeten noch sehr groß ist, breit angelegte Kampagnen zur schnellen Beseitigung des Analphabetismus durchzuführen, indem sie zu diesem Zweck alle bereits des Lesens und Schreibens kundigen Personen einschalten und diesen eine geeignete Anleitung und Ausbildung bieten.

Empfehlung 22:
Studium neuer Techniken zur Bildung von Nomaden

Im Hinblick darauf, daß die Unterrichtung nomadisierender Gruppen der erwachsenen Bevölkerung und die mögliche Eignung neuer Techniken für diese Aufgabe besondere Probleme aufwerfen,

empfiehlt die Konferenz der UNESCO, in Zusammenarbeit mit anderen zuständigen Sonderorganisationen diese Probleme zu erkunden, damit wirksame Lösungen vorgeschlagen werden können.

Empfehlung 23:
Internationale Normen für technische Lehr- und Lernmittel

Im Hinblick darauf, daß ein wesentlicher Teil der Kosten der Bildungsarbeit durch den Kauf und den Gebrauch der modernen technischen Lehr- und Lernhilfen verursacht wird,
feststellend, daß der Mangel internationaler Standards für Geräte und dem verfügbaren komplexen Lehr- und Lernmaterial kostensteigend wirken,
anerkennend, daß nationale und internationale Stellen bereits Wesentliches für die Sammlung international verwendbaren Materials geleistet haben,

empfiehlt die Konferenz der UNESCO,
1. die „International Standardization Organization" zu ersuchen, der Aufstellung internationaler Normen für technische Lehr- und Lernmittel einen besonderen Vorrang einzuräumen, damit Vergleich und Austausch solcher technischer Mittel ermöglicht werden,
2. zur Beratung Zusammenkünfte von Fachleuten auf regionaler Ebene zu

organisieren mit der Aufgabe, die Bemühungen der schon bestehenden Stellen um eine systematische Erfassung des Lehr- und Lernmaterials von internationaler Bedeutung zu koordinieren.

Empfehlung 24:
Einsatz von Büchern und anderem gedruckten Lehrmaterial

Bei aller Anerkennung, der Bedeutung der neueren Medien für die Erwachsenenbildung, jedoch die Tatsache hervorhebend, daß Bücher und anderes gedrucktes Material weiterhin eine unersetzliche Rolle in der Erwachsenenbildung spielen werden,

empfiehlt die Konferenz den Mitgliedstaaten, alle geeigneten Maßnahmen zu ergreifen und bei Bedarf auch Subventionen zu geben, um die Veröffentlichung geschmackvoller und billiger Bücher und anderen Lehrmaterials für bestimmte Zielgruppen zum Zwecke der Erwachsenenbildung und des Selbstunterrichtes auf allen Ebenen, entsprechend den verschiedenen und sich ändernden Bedürfnissen, zu fördern,

und bittet die UNESCO, ihre Hilfe für die Mitgliedstaaten zu verstärken
1. zur Entwicklung der lokalen Produktion von Lehr- und Lesematerial für alle Stufen und Arten der Erwachsenenbildung,
2. zur Entwicklung wirksamer Verteilungssysteme, einschließlich der öffentlichen Büchereien,
3. zur Ausbildung von Autoren, Illustratoren und anderer Fachleute, die für die Produktion, Verteilung und den wirkungsvollen Gebrauch gedruckten Materials notwendig sind.

Empfehlung 25:
Beziehungen zwischen der institutionalisierten Erwachsenenbildung und dem informellen Lernen Erwachsener, unter besonderer Beachtung des Gebrauchs der Massenmedien für Bildungszwecke

Im Hinblick auf die Notwendigkeit der Koordinierung aller Bemühungen eines Landes um die Erwachsenenbildung, von der Planung bis zur Realisierung, um so die größtmögliche Wirkung zu erzielen, aber auch in Anerkennung der Knappheit personeller und materieller Möglichkeiten,

dabei auch erwägend, daß die Bedeutung der außerschulischen Bildung für die Verbreitung von Kenntnissen und für die politische Bewußtseinsbildung, besonders der Erwachsenen, zunimmt und daß zwischen der institutionalisierten Erwachsenenbildung und dem informalen Lernen Erwachsener engere Beziehungen hergestellt werden müssen,

empfiehlt die Konferenz den Mitgliedstaaten,
1. die Zusammenarbeit zwischen den Fachleuten der Erwachsenenbildung einerseits und den Verantwortlichen für Erwachsenenbildung und Programmplanung bei den verschiedenen außerschulischen Informationsmedien, besonders Hörfunk, Fernsehen und Film andererseits, mit der Absicht zu unterstützen, bildenden und kulturellen Zielen und koordinierter Programmplanung in den verschiedenen Medien einen angemessenen Vorrang zu verschaffen,
2. finanzielle Hilfe für die Fernseh- und Rundfunkanstalten zu erwägen, um ihnen die Einstellung eines besonders qualifizierten Personals für die Bildungsprogramme zu ermöglichen,
3. gemeinsame Bemühungen der Regierungen, Rundfunkanstalten und Lernenden einzuleiten und zu unterstützen, um die Bedürfnisse der Lernenden besser feststellen und verstehen zu können, die Ergebnisse der Erkundungen für die Programmplanung auszuwerten und die Qualität der Produktion durch vereinigten Sachverstand zu verbessern,
4. die Fähigkeit des erwachsenen Lernenden entwickeln zu helfen, geeignete Hörfunk- und Fernsehprogramme auszuwählen, die seinen Bedürfnissen entsprechen, und vollen Gebrauch des erworbenen Wissens zu machen,
5. durch Übernahme der Koordination die Einrichtung verschiedener Multimedia-Systeme für die Erwachsenenbildung, eingeschlossen Selbststudium, Jugendverbände, Korrespondenz- und Teleunterrichtes zu fördern,
6. die notwendigen Mittel bereitzustellen, um die öffentlichen Stellen, die Rundfunkanstalten und die privaten Bildungsorganisationen zu befähigen, gut strukturierte Rückmeldesysteme zu organisieren, damit die erwachsenen Lernenden an der Programmentwicklung teilnehmen und auf sie reagieren können,
7. als wesentliche Komponente der Erwachsenenbildung den Einsatz moderner Medien den lokalen Bedingungen und den Bildungsmaßnahmen in ländlichen Gebieten anzupassen und durch staatliche oder andere Maßnahmen die Bereitstellung von Geräten und Lehrmaterial zu möglichst niedrigen Preisen zu erleichtern,
8. auf nationaler und/oder regionaler Ebene Seminare und Arbeitstagungen zur Aus- und Weiterbildung der Mitarbeiter zu organisieren, die vor allem der Information über neue Methoden und Techniken wie z. B. „systems approach", und deren Anwendung bestimmt sind.

Die Konferenz empfiehlt der UNESCO, die Zusammenarbeit und Koordination auf diesem Gebiet zu fördern, indem sie ein internationales Seminar über die Beziehungen zwischen der institutionalisierten Erwachsenenbildung und dem informellen Lernen der Erwachsenen einberuft, den Bedarf für Koordinationsinstrumente zum Einsatz der Massenmedien für Bildungszwecke sowie deren praktische Auswertung prüft und darüber hinaus jede weitere geeignete Maßnahme zur Förderung, Unterstützung und Verwirklichung dieser Empfehlungen ergreift.

Empfehlung 26:
Unterrichtstechnologie in Entwicklungsländern

Daran erinnernd, daß der Gebrauch von Methoden, Techniken und Medien in der gesellschaftlichen Kommunikation, besonders in den sogenannten entwickelten Ländern in neuester Zeit große Fortschritte gemacht hat,

darauf hinweisend, daß die Methoden, Techniken und Medien der gesellschaftlichen Kommunikation im heutigen Bildungswesen und damit auch in der Erwachsenenbildung eine zentrale Rolle spielen,

anerkennend, daß in einer Welt, in der alle Menschen, Kulturen und Völker voneinander abhängen, sich das Problem der Übertragung der Unterrichtstechnologie von den entwickelten Ländern auf die der Dritten Welt stellt,

von der Überlegung geleitet, daß ihre unterschiedslose Übernahme einen allmählichen kulturellen Einbruch nach sich ziehen würde, der die Prinzipien der kulturellen Emanzipation verfälschen könnte; das bedeutet hier: nicht die Ablehnung der kulturellen Werte anderer Völker der Welt, sondern ihre selektive Assimilation und ihre fruchtbare Auswertung sowie die Berücksichtigung der Wesenszüge und des Niveaus der wirtschaftlichen, gesellschaftlichen und kulturellen Entwicklung der jeweiligen Gesellschaften muß im Vordergrund stehen;

jedoch der Tatsache Rechnung tragend, daß die verschiedenen Völker der Welt, jedes in Übereinstimmung mit seinen nationalen Wesenszügen und sozio-kulturellen Strukturen, Wert auf den erfolgreichen Einsatz der neuen Methoden, Techniken und Medien der gesellschaftlichen Kommunikation, besonders im Rahmen der Erwachsenenbildung, legen,

empfiehlt die Konferenz der UNESCO, Studien und Forschungen über alle Aspekte des Problems der derzeit stattfindenden Ausbreitung der Unterrichtstechnologie durchzuführen und nationale Forschungsbemühungen und -projekte auf dem Gebiet der Unterrichtstechnologie unter besonderer Beachtung der Erwachsenenbildung in den Ländern der Dritten Welt und der Einhaltung der Prinzipien der demokratischen Teilnahme und der kulturellen Emanzipation zu unterstützen.

Empfehlung 27:
Methoden und Verfahren: Forschung, Entwicklung, Experimente

Angesichts der unterschiedlichen und komplexen Lernbedürfnisse des Erwachsenen, angesichts auch der schnellen Zunahme an Zahl und Typen der Lehrformen und Lernmittel, jedoch
feststellend, daß die Kenntnisse über ihren richtigen und wirksamen Einsatz und ihre Übertragbarkeit noch relativ gering sind, besonders hinsichtlich der Bedürfnisse der Lernenden in den verschiedenen Umweltbedingungen, was oft bei Lehrenden und Lernenden zur Desorientierung führt,
ferner feststellend, daß es wichtig ist, daß angemessene Lehr- und Lernverfahren für Erwachsene in Systemen der lebenslangen Bildung verwendet werden, in denen jedoch den Bedürfnissen der Erwachsenen und der jungen Menschen eher gemeinsam als gesondert entsprochen werden soll,

empfiehlt die Konferenz den Mitgliedstaaten, der Forschung, der Entwicklung, den Versuchen und der Verbreitung neuer Einsichten hinsichtlich des Gebrauches neuer Medien für die Erwachsenenbildung und der Schaffung dafür geeigneter neuer institutioneller Strukturen einen besonderen Vorrang einzuräumen, besonders durch:
1. Forschung im Bereich der Wissenschaften von der Erwachsenenbildung, in bestimmten Ländern „Andragogik" genannt, unter Einbeziehung der biologischen, psychologischen und soziologischen Aspekte des Lernens Erwachsener, und zwar besonders im Hinblick auf die Schaffung von Grundlagen für die Entwicklung neuer Methoden und Verfahren,
2. Voruntersuchungen in ausgewählten Gebieten vorwiegend in der Dritten Welt zur Entwicklung neuer Methoden und Verfahren, wobei die Erfahrungen und Sachkenntnisse, die schon anderswo erworben wurden, verwertet werden sollen sowie praktischer Modelle für ihre Integration in verschiedene Arten von Bildungssystemen,
3. Verbesserung der konventionellen Schultypen durch gleichzeitige Entwicklung von Typen der Ausbildung, die in die täglichen Tätigkeiten der Erwachsenen integriert und durch ihre funktionale und kollektive Art charakterisiert sind, wobei die freien Initiativen der Betroffenen berücksichtigt und die Lehr- und Lernmethoden entsprechend angepaßt werden,

4. Experimente im Gebrauch neuer Medien wie z. B. mobiler Video-Band-Einheiten, in Entwicklungsgebieten bei verschiedenen Gruppen der ländlichen und städtischen Bevölkerung, wobei die Hilfe von Regierungsstellen und privaten Einrichtungen notwendig erscheint,
5. Versuchszentren für den Einsatz individualisierter Mediensysteme beim selbstgesteuerten Lernprozeß.

Die Konferenz bittet außerdem die Mitgliedstaaten, die schon solche Forschungen und Experimentalprojekte mit Bildungsprogrammen durchgeführt haben, ihre Methoden und Ergebnisse, ihre Verfahren zur Steigerung der Rückmeldung und Motivation sowie die angewandten Systeme und ihre Wirkung bekannt und verfügbar zu machen,

sie ersucht die UNESCO, geeignete Maßnahmen zu ergreifen, damit sie an Experimenten und an der Forschung auf diesen Gebieten teilnehmen und sie unterstützen kann.

Empfehlung 28:
Die Rolle der Universitäten in der Erwachsenenbildung

Angesichts der Knappheit ausgebildeten Personals für die Erwachsenenbildung,

davon überzeugt, daß die Erwachsenenbildung nicht nach den Grundsätzen der lebenslangen Bildung weiter entwickelt werden kann, wenn nicht die Zahl der hauptberuflichen Fachleute wesentlich vermehrt wird,

nachdrücklich betonend, daß mehr Ausbildungsmöglichkeiten erforderlich sind, damit die Zahl der Fachleute vermehrt werden kann,

die Auffassung vertretend, daß die Beteiligung der Universitäten an der Erwachsenenbildung in jeder Form sowohl für die Gesellschaft als auch für die Universitäten selbst von Vorteil ist,

jedoch feststellend, daß in vielen Ländern die Erwachsenenbildung sowohl bei der Regierung als auch bei den Universitäten nicht die ihr zukommende Anerkennung findet,

darauf hinweisend, daß in den 70er Jahren die Bildungsarbeit den allgemeinen Entwicklungsaufgaben zu dienen haben wird,

und darauf aufmerksam machend, daß in diesen entwicklungsorientierten Bildungsprogrammen die Universitäten und andere Institutionen der tertiären Bildung eine bedeutende Rolle spielen,

empfiehlt die Konferenz den Mitgliedstaaten, die Universitäten und andere Institutionen der tertiären Bildung aufzufordern,

1. die Erwachsenenbildung als eine eigene Disziplin anzuerkennen und Un-

tersuchungen und Forschungen auf diesem Gebiet als einen wichtigen und notwendigen Teil ihrer Funktionen zu übernehmen,
2. als notwendigen Schritt zur Entwicklung der Erwachsenenbildung zu einem Beruf sowohl Kurzkurse für die Berufstätigen als auch längere Kurse für Erwachsenenbildner abzuhalten, die zu Abschlüssen, Diplomen und Graden führen,
3. sich an geeigneten Programmen der Erwachsenenbildung zu beteiligen und ein umfassendes Angebot von Aufbau- und Wiederholungskursen zu bieten,
4. in ihren pädagogischen Fakultäten oder entsprechenden Abteilungen sowohl langfristige Kurse zur Ausbildung von Lehrern und Fachleuten der Erwachsenenbildung zu bieten als auch kurzfristige Intensivkurse als Notbehelfsmaßnahmen einzurichten,
5. enge Verbindungen mit den bestehenden Institutionen der Erwachsenenbildung aufrechtzuerhalten und Referenten, technisches Personal sowie Zeitschriften und andere Publikationen mit ihnen auszutauschen.

Die Konferenz empfiehlt der UNESCO, eine bessere Zusammenarbeit zwischen den Universitäten und den privaten Organisationen zu fördern, damit die oben erwähnten Ziele erreicht werden.

Empfehlung 29:
Ausbildung von Erwachsenenbildnern

In der Überzeugung, daß die Erwachsenenbildung in Zukunft noch mehr als heute ein fester Bestandteil des Bildungssystems mit wachsender Bedeutung in fast allen Bereichen der Gesellschaft und für die Hebung des allgemeinen Bildungs- und Kulturniveaus der Menschen sein wird,

im Blick darauf, daß der Bedarf an qualifiziertem Personal, das für diesen Teil des Bildungssystems gebraucht wird, kurz- und langfristige Maßnahmen zur Verbesserung und Wiederholung der Kenntnisse, Fähigkeiten und Fertigkeiten der in der Praxis stehenden Mitarbeiter erforderlich macht,

empfiehlt die Konferenz den Mitgliedstaaten, der Ausbildung von Personal für die Erwachsenenbildung einen besonderen Vorang einzuräumen und zu diesem Zweck folgende Maßnahmen zu ergreifen:
1. Das Studium der Erwachsenenbildung soll in die Lehrpläne der Lehrerausbildung, der Ausbildung der Bibliothekare und anderer Bildungsberufe aufgenommen werden.
2. Es sollen Programme für die Ausbildung von Lehrern entwickelt werden, die sich für die Erwachsenenbildung spezialisieren, wobei diese Programme

in geeigneter Weise mit dem System der Lehrerausbildung auf der Hochschulstufe zu koordinieren wären.
3. Seminare und Kurse für die Erwachsenenbildner sollen ein integraler Teil des Bildungssystems sein, eingeschlossen kurzfristige Kurse für die Ausbildung der Ausbilder, der Ausbildungsleiter in der Industrie, der hauptamtlichen Erwachsenenbildner und des Verwaltungspersonals.
4. Hörfunk, Fernsehen, gedrucktes Material, Fernkurse und audio-visuelle Hilfen sollen kombiniert für die Ausbildung der Erwachsenenbildner verwendet werden.

Die Konferenz empfiehlt der UNESCO,
1. auf Verlangen der Mitgliedstaaten Beratungsdienste für die Gestaltung von Ausbildungsprogrammen zur Verfügung zu stellen und Arbeitstagungen und Seminare abzuhalten, wenn dies angezeigt erscheint,
2. zur möglichst wirkungsvollen Gestaltung der Ausbildung Hilfe für die Erforschung von Problemen der Motivation und der Nichtteilnahme zu gewähren.

Empfehlung 30:
Institutionalisierte Maßnahmen zum Ausbau der internationalen Zusammenarbeit in der Erwachsenenbildung

Nach Kenntnisnahme der wesentlichen Entwicklungstendenzen zur Verbesserung der schon bestehenden internationalen Zusammenarbeit in der Erwachsenenbildung, die in dem Arbeitspapier dieser Konferenz festgehalten sind, und im Blick darauf, daß der Informationsaustausch über Leistungen in der Erwachsenenbildung zur Stärkung der Freundschaftsbande unter den Völkern der Welt beizutragen vermag,

empfiehlt die Konferenz den Mitgliedstaaten,
1. Forschungs- und Dokumentationszentren für die Erwachsenenbildung einzurichten, um die internationale Forschung und die Verbreitung von fachlichen Informationen zu erleichtern,
2. die Gründung von Verbänden der Erwachsenenbildung anzustreben, damit sich ihre Mitglieder durch systematische Programme, Seminare und Fachbüchereien bestmöglich informieren können,
3. eine angemessene Vertretung der Interessen der Erwachsenenbildung in den nationalen UNESCO-Kommissionen zum Zweck der Zusammenarbeit mit der UNESCO zu gewährleisten,
4. internationale Zusammenkünfte von Erwachsenenbildnern in Form von

Sommer-Universitäten oder in anderen geeigneten Formen zu organisieren,
5. Organisationen von Jugendlichen, Arbeitern, Bauern, Familien, Teilnehmern an der außerschulischen Bildung und Personen mit Erfahrung auf diesem Gebiet einzuladen, an internationalen Konferenzen und Komitees für die Behandlung, Diskussion, Verwirklichung und Bewertung der außerschulischen Erziehung und der Erwachsenenbildung teilzunehmen,
empfiehlt die Konferenz der UNESCO, diese Aktivitäten zu fördern und auch die Übersetzung von Literatur zur Erwachsenenbildung, die nicht in den offiziellen UNESCO-Sprachen verfügbar ist, zu unterstützen.

Empfehlung 31:
Mobilisierung kommunaler Bildungsreserven für die Erwachsenenbildung

Im Hinblick darauf, daß in allen Ländern die Erwachsenenbildung noch vor großen Aufgaben steht und daß es immer notwendiger wird, Kenntnisse und Fertigkeiten der sich beschleunigenden wissenschaftlichen und technischen Entwicklung anzupassen,
jedoch sich vergegenwärtigend, daß die z. Z. noch üblichen Methoden der Organisation und der Finanzierung der Erwachsenenbildung wie des gesamten Bildungswesens auch mit Hilfe der modernen Kommunikationsmittel die wachsenden Bedürfnisse nicht erfüllen können,
der Tatsache sich bewußt, daß noch ein großer Reichtum an Bildungsreserven ungenützt liegt, die für die Erwachsenenbildung mobilisiert werden müssen,
darauf hinweisend, daß die Teilnahme der Jugend an der Mobilisierung der kommunalen Bildungsreserven für die Erwachsenenbildung entscheidend ist,
feststellend, daß durch die Industrialisierung die Möglichkeiten zur Selbstverwirklichung des Individuums eingeschränkt werden,
jedoch auch feststellend, daß sozio-kulturell benachteiligte Menschen sich eher von denjenigen motivieren und helfen lassen, mit denen sie am engsten verbunden sind und ihre alltäglichen Sorgen teilen,
von der Überzeugung geleitet, daß es unbedingt notwendig ist, die Bemühungen zur Mobilisierung menschlicher Kräfte für die Erwachsenenbildung von der Basis der Bevölkerung her nach einer Strategie zu verstärken, die einen Teil der nationalen Pläne für die wirtschaftliche, gesellschaftliche und kulturelle Entwicklung bildet,

dabei sich vergegenwärtigend, daß jene, die schon gebildet sind, sich in ihrer unmittelbaren Umgebung selber weiterbilden müssen und als Organisatoren, Animateure, freiwillige Führer oder Helfer in Zusammenarbeit mit den hauptberuflichen Bildungsfachleuten eine wesentliche Rolle bei der Verbreitung von Bildung spielen können,

empfiehlt die Konferenz den Mitgliedstaaten, folgende Faktoren bei der Entwicklung ihrer Ausbildungssysteme für die Erwachsenenbildung zu beachten:
1. die Notwendigkeit, die Erwachsenenbildner als „social leader" auszubilden, die sich der sozialen Aspekte ihrer Aufgaben voll bewußt sind und die Fähigkeit besitzen, die menschlichen Kräfte in der Kommune zur verantwortlichen Mitarbeit in der Erwachsenenbildung anzuregen und zu mobilisieren,
2. die Notwendigkeit, der Jugend Gelegenheit zu geben, direkt die Bildungs- und Sozialprobleme der Menschen anzugeben, damit sie von der Kommune jenen Ansporn erfährt, der auch ihre eigene allgemeine und berufliche Bildung bereichert,
3. die Notwendigkeit, sich systematisch um die Entdeckung, Gewinnung und Ausbildung von ansässigen Erwachsenenbildnern aus dem Kreis natürlich befähigter und begabter Persönlichkeiten zu bemühen, auch wenn ihnen noch die formale Schulbildung fehlt,
4. die Notwendigkeit, die Erwachsenenbildner so auszubilden, daß sie Materialien und Methoden in ihren Programmen der Erwachsenenbildung entwickeln, die für die lokalen Traditionen, Sitten und das lokale Erbe geeignet und bedeutungsvoll sind.

Die Konferenz empfiehlt der UNESCO, insbesondere jenen Ansatz der Erwachsenenbildung zu fördern, der davon ausgeht, daß die Menschen nicht nur durch Unterricht, sondern vor allem aus ihrer Umwelt lernen. Mitgliedstaaten sollte auf ihren Antrag bei der Verwirklichung dieses Ansatzes Unterstützung gewährt werden.

Empfehlung 32:
Internationale Zusammenarbeit in der Fortbildung der Erwachsenenbildner

Feststellend, daß trotz fortbestehenden Bedarfs an freiwilligen nebenamtlichen Kräften in jedem Land die verfügbare Zahl qualifizierter Personen, für die die Erwachsenenbildung zum Hauptberuf wird, schnell und wesentlich vermehrt werden muß,

ferner feststellend, daß nationale und regionale Unterschiede eine Vielfalt von Stilen, Methoden und Aspekten erfordern, deren Gemeinsamkeit jedoch darin besteht, zur Verbesserung der Erwachsenenbildung innerhalb und außerhalb der etablierten Bildungseinrichtungen beizutragen,

empfiehlt die Konferenz den Mitgliedstaaten, ihre Bemühungen zur Verbesserung der Fortbildung der Mitarbeiter in der Erwachsenenbildung zu erweitern und zu intensivieren.

Die Konferenz empfiehlt der UNESCO,
1. regionale und internationale Seminare, Arbeitstagungen und andere Ausbildungsprogramme zu unterstützen und zu fördern, die der Verbreitung erfolgreicher Erfahrungen und Fachkenntnisse auf diesem Gebiet dienen; dabei sollte Unterstützung und Ermutigung nicht nur den Mitgliedstaaten zugute kommen, sondern auch den nichtstaatlichen Organisationen, einschließlich der freien nationalen und regionalen Verbände der Erwachsenenbildung und der Jugend,
2. die Möglichkeit der Einrichtung von regionalen Ausbildungszentren zu prüfen, die zusammen mit nationalen Institutionen, Universitäten und Verbänden der Erwachsenenbildung Ausbildungsprogramme für das leitende Personal durchführen können.

Empfehlung 33:
Die Erwachsenenbildung als Gegenstand internationaler Konferenzen über Bildungsfragen

Im Blick auf die Tatsache, daß die Bedeutung der Erwachsenenbildung steigt, daß ihre eigene Entwicklung schnell voranschreitet und daß auch der Bedarf an internationalem Austausch von Erfahrungen und Ideen wächst,

empfiehlt die Konferenz der UNESCO
1. die Möglichkeit zu erkunden, internationale Konferenzen über Erwachsenenbildung häufiger als bisher einzuberufen und die nächste Konferenz in einem Entwicklungsland zu organisieren,
2. geeignete Aspekte der Erwachsenenbildung auf die Tagesordnung der regionalen Konferenzen der Erziehungsminister und der zweijährigen Konferenzen des International Bureau of Education in Genf zu setzen,
3. periodische Regionalkonferenzen über Erwachsenenbildung besonders in den Entwicklungsländern abzuhalten.

Anhang: Liste der Teilnehmer

I. LIST OF PARTICIPANTS/LISTE DES PARTICIPANTS/
LISTA DE PARTICIPANTES/СПИСОК УЧАСТНИКОВ

Names and titles in the following lists are reproduced as handed in to the Secretariat by the delegations concerned. Countries are shown in the English alphabetical order.

Les noms et titres qui figurent dans les listes ci-après sont reproduits dans la forme où ils ont été communiqués au Secrétariat par les délégations intéressées. Les pays sont mentionnés dans l'ordre alphabétique anglais.

Los nombres y títulos que figuran en las listas siguientes se reproducen en la forma en que las delegaciones interesadas los han communicado a la Secretaría. Los países se mencionan en el orden alfabético inglés.

Фамилия и звания, указанные в нижеприведенном списке, воспроизводятся в том виде, в каком они были представлены Секретариату соответствующими делегациями. Страны перечислены в порядке английского алфавита.

MEMBER STATES (DELEGATES)/ETATS MEMBRES (DELEGUES)/
ESTADOS MIEMBROS (DELEGADOS)/ГОСУДАРСТВА-ЧЛЕНЫ

Afghanistan/Afganistán/Афганистан

Dr. Ehsan Entezar,
President, Publications Department,
Ministry of Education

Algérie/Algeria/Argelia/Алжир

M. Mustapha Dadou,
Secrétaire à l'Ambassade d'Algérie à Tokyo

Argentine/Argentina/Аргентина

Dr. Raúl H. Di Blasio,
Subsecretario de Coordinación General
del Ministerio de Cultura y Educación
(Jefe de la Delegación)

Dr. Leonardo Hilario Simone,
Presidente del Consejo Nacional de Educación

Sr. Jorge M. Ramallo,
Director nacional de Educación del Adulto
Director del Centro multinacional de Educación
 de Adultos

Australie/Australia/Австралия

Mr. M. H. Bone,
Director of Further Education,
South Australia
(Head of Delegation)

Mr. P. W. D. Matthews,
Education Director,
Australian Council of Trade Unions

Dr. Joan W. Allsop,
Senior Lecturer,
Department of Adult Education
University of Sydney

Mr. C. F. Cave,
Director of Adult Education,
Victoria

Autriche/Austria/Австрия

M. Hans Altenhuber,
Directeur de la Division pour l'Education
 des Adultes,
Ministère fédéral de l'Education
 nationale et Beaux-Arts
(Chef de la Délégation)

Professeur Herbert Grau,
Verband Osterreichischer Volkshochschulen
(Fédération des Universités populaires
   autrichiennes)

M. Josef Eksl,
Directeur du Service chargé de l'Education
   permanente,
Fédération autrichienne des Syndicats ouvriers

Belgique/Belgium/Bélgica/Бельгия

M. Marcel Hicter,
Directeur général de la Jeunesse et des Loisirs
   au Ministère de la Culture
(Chef de la Délégation)

De Heer Robert Elsen
Adjunet-Kabinetschef van de Minister
   van Nederlandse Cultuur

Bolivie/Bolivia/Боливия

Excmo. Sr. Armando Yoshida,
Embajador de Bolivia en el Japón
(Jefe de la Delegación)

S. Bernardo Baptista Gumucio,
Consejero comercial de la
   Embajada de Bolivia en el Japón

Brésil/Brazil/Brasil/Бразилия

H. E. M. Jarbas Gonçalves Passarinho,
Ministre de l'Education et de la Culture
(Chef de la Délégation)

Nestor Luiz dos Santos Lima,
Ministre-Conseiller de l'Ambassade du
   Brésil à Tokyo

Dr. Arlindo Lopes Corrêa,
Secrétaire exécutif du Mouvement brésilien
   d'Alphabétisation, MOBRAL

R. Père Dom Luciano José Cabral Duarte,
Gérant du Mouvement d'Education de base, MEB

Dr. Avelino Henrique
Directeur du Service de Radiodiffusion éducative
   au Ministère de l'Education et de la Culture,
Gérant du Projet "Minerva" au Ministère de
   l'Education et de la Culture

M. Nilson Guilherme Câmara Rebordão,
Assistant du Ministre de l'Education et de la
   Culture

M. Alexey Bautzev

Bulgarie/Bulgaria/Болгария

Dr. Nikola Andreev,
Director,
Department for Post-Graduate Qualification,
Committee for Science and Technical Progress
   and Higher Education
(Head of Delegation)

Mr. Grozdan Grozev,
Chief,
Department of Adult Education,
Ministry of Education

Mr. Blagoy Ruskov,
Secretary, Bulgarian Embassy in Tokyo

Burundi/Бурунди

M. Emile Mworoha
Professeur à l'Ecole normale supérieure
   du Burundi

République socialiste soviétique de Biélorussie
Byelorussian Soviet Socialist Republic
República Socialista Soviética de Bielorrusia
Белорусская Советская
Социалистическая Республика

H. E. Mr. Rostislav Sernov,
Deputy Minister of Education
(Head of Delegation)

Mr. Mikhail Khozyaev,
Deputy Rector of the Pedagogical Institute
   of Foreign Languages

Canada/Canadá/Канада

The Hon. Peter Nicholson,
Minister of Education and Finance,
Deputy Premier of Nova Scotia,
President, Council of Ministers of
   Education, Canada
(Head of Delegation)

M. Jean-Marie Beauchemin,
Sous-Ministre associé,
Ministère de l'Education du Québec

M. Paul Bélanger,
Directeur adjoint de l'Institut canadien
   d'Education des Adultes,
Montréal, Québec

Mr. B. E. Curtis,
Dean, School of Applied Arts,
Algonquin College, Ottawa, Ontario

Mr. Johann Phillipson,
Deputy Minister,
Department of Education of British Columbia,
Victoria. B. C.

Mr. M. F. Yalden,
Assistant Under-Secretary of State,
Department of the Secretary of State of
  Canada, Ottawa, Ontario

M. Maurice Mercier,
Sous-Ministre adjoint,
Ministère de l'Education du Québec

M. Jacques-Victor Morin
Secrétaire général associé de la Commission
  canadienne pour l'Unesco,
Ottawa, Ontario

Mr. Garnet T. Page,
Director-General, Technical Services and
  Special Projects Division, Department of
  Regional Economic Expansion of Canada,
  Ottawa, Ontario

M. Maurice Richer,
Secrétaire général du Conseil des Ministres
  de l'Education du Canada,
Toronto, Ontario

Mr. Gordon Selman,
Director, Centre for Continuing Education,
University of British Columbia,
Vancouver, B. C.

M. Michel Careau,
Direction des Affaires culturelles au
  Ministère des Affaires extérieures du Canada,
Ottawa, Ontario

Mr. Benno T. Pflanz,
Attaché (Manpower and Immigration),
Canadian Embassy to Japan

M. André Simard,
Service de Coordination au Ministère des
  Affaires extérieures,
Ottawa, Ontario

République centrafricaine / Central African Republic
República Centroafricana
Центральноафриканская Республика

M. Claude Bernard Beloum,
Premier Conseiller à l'Ambassade de la
  République centrafricaine à Tokyo

Chili/Chile/Чили

Srta. Cecilia Gallardo,
Tercer Secretario de la Embajada de Chile
  en el Japón

Colombie/Colombia/Колумбия

Señora Cecilia Obregón de Arenas,
Jefe de la División de Educación de Adultos,
Ministerio de Educación Nacional

Costa Rica/Коста-Рика

Sr. Wilbur A. Knerr,
Ministerio de Educación

Cuba/Куба

Excmo. Sr. Dr. Raúl Ferrer Pérez,
Vice-Ministro de Educación de Adultos
(Jefe de la Delegación)

Sr. Juan Francisco Vera,
Sub-Director de Educación de Adultos de la
  Provincia de Oriente

Sr. C. Curbelo Chongo,
Central de Trabajadores de Cuba

Sr. José A. Guerra Menchero,
Consejero de la Embajada de Cuba en Japón

Czechoslovakia / Tchécoslovaquie
Checoslovaquia/Чехословакия

H. E. Professor Stefan Chochol,
Minister of Education of the Slovak Socialist
  Republic,
Chairman of the Slovak National Commission
  for Education of Working People
(Head of Delegation)

H. E. Professor Miroslav Cipro,
Vice-Minister of Education of the Czech
  Socialist Republic

Dr. Kamil Skoda,
Associate Professor of the Charles University,
Director of the Research Institute of Culture,
Prague

Mr. Emilián Rezác,
Senior Programme Officer of the Czechoslovak
  National Commission for Unesco

Dr. Přemysl Maydl,
Director, European Centre for Leisure
  and Education

Danemark/Denmark/Dinamarca/Дания

H. E. Mr. Knud Heinesen,
Minister of Education,
(Head of Delegation)

Mr. Asger Baunsbak-Jensen,
Director of Education, Ministry of Education

Mr. Per Himmelstrup,
Chief-Inspector of Educational Planning
  and Development,
Ministry of Education

Mr. Frantz Kjaerum,
County-Supervisor of Education,
Ministry of Education

Mr. O. I. Mikkelsen,
Director of Education,
Ministry of Education

Mr. Helge Severinsen,
Director, Folk High-School

Mr. Carl Stjerne,
Teacher at a Training College

Mr. H. E. Hillerup Jensen,
Technical Assistance Advisor,
Ministry of Foreign Affairs

Mr. Hans Sølvhøj,
Director-General, Radio Denmark

Mr. Ole Espersen,
Professor, Chairman of the Radio Council

Mr. Arne Lund,
Director-in-Chief, Danish Employers'
  Confederation

Equateur/Ecuador/Эквадор

Excmo. Sr. Coronel Vicente Anda,
Ministro de Educación
(Jefe de la Delegación)

Excmo. Sr. Francisco Urbina Ortíz
Embajador del Ecuador en el Japón

Sr. Mauro Ordoñez,
Secretario permanente de la Comisión
  Ecuatoriana de la Unesco

Sr. Servio Moreno,
Director de Educación de Adultos

Sr. Cap. Jorge Ortega,
Ayudante del Ministro de Educación

**République arabe d'Egypte / Arab Republic of Egypt
República Arabe de Egipto
Арабская Республика Египет**

Dr. Mohamed Kadri Lotfy,
Dean, Faculty of Education,
University of Ain-Shams
(Head of Delegation)

Dr. Mohamed Ibrahim Kazem,
Dean, Faculty of Education,
University of Azhar

Dr. Ibrahim Hassan Hambal,
Director, Workers Welfare Department,
Ministry of Manpower

Finlande/Finland/Finlandia/Финляндия

Mr. Sakari Kiuru,
Chairman, Finnish National Commission
  for Unesco
(Head of Delegation)

Dr. Kosti Huuhka,
Director, Department of Adult Education,
National Board of Schools

Mrs. Marja Haapio,
Member, Finnish National Commission
  for Unesco,
Secretary, Society for Popular Culture

Mr. Veli Lehtinen,
Principal, Co-operative Education
  Institute

Mr. Kalevi Pihanurmi,
Programme Chief, Finnish Broadcasting
  Company,
Department of Educational Programmes

Miss Kaisa Savolainen,
Secretary-General,
Finnish Association of Adult Education
  Organizations

France/Francia/Франция

M. André Basdevant,
Inspecteur général au Secrétariat d'Etat
  auprès du Premier Ministre, chargé
  de la Jeunesse des Sports et des Loisirs
(Chef de la Délégation)

M. Jean-Jacques Scheffknecht,
Conseiller technique à la Direction
  de l'Orientation de la Formation continue
  au Ministère de l'Education Nationale

M. Jean-Michel Belorgey,
Auditeur au Conseil d'Etat,
Chargé de Mission au Secrétariat général
  du Comité interministériel de la Formation
  professionnelle et de la Promotion sociale

M. Robert Cottave,
Secrétaire général de la Fédération des
  ingénieurs et cadres CGT-FO

Mlle Isabelle Deble,
Chargée de la Direction de la recherche à
  l'Institut d'études du développement
  économique et social

M. Jean Guisset,
Conseiller d'Ambassade,
Conseiller culturel à l'Ambassade de
  France à Tokyo

Gabon/Gabón/Габон

S. Exc. M. Christophe Boupana,
Ambassadeur extraordinaire et
  plénipotentiaire de la République
  gabonaise au Japon

République fédérale d'Allemagne
Federal Republic of Germany
República Federal de Alemania
Федеративная Республика Германии

Professor Dr. Wilhelm Hahn,
Minister of Education and Cultural
  Affairs for the Land Baden-Wuerttemberg
(Head of Delegation)

S. Exc. Mme le Dr Hildegard Hamm-Brücher,
Secrétaire d'Etat au Ministère fédéral de
  l'Education et des Sciences
(Ancien chef adjoint de la Délégation)

M. Reinhard Wilke,
Directeur (Ministerialdirigent),
Ministère des affaires culturelles du Land
  de Basse-Sachse,
Président de la Sous-Commission pour
  l'Education des Adultes de la Conférence
  permanente des Ministres des Affaires
  culturelles des Länder

Dr Axel Vulpius,
Conseiller (Ministerialrat),
Ministère fédéral de l'Education et
  des Sciences

M. Helmuth Dolff,
Directeur de l'Association allemande
  des Universités populaires
(Deutscher Volkshochschulverband)

Professor Dr Walter Merteneit,
Président de la Sous-Commission pour
  l'Education de la Commission de la
  République fédérale d'Allemagne
  pour l'Unesco

Dr. Marie-Therese Starke,
Member of the Board of Directors of the
  Federal Catholic Working Group
  for Adult Education

M. Thomas Keller,
Secrétaire général de la Commission
  de la République fédérale d'Allemagne
  pour l'Unesco

Mme Margarete Massenez,
Service de Traduction,
Ministère fédéral des affaires étrangères

Dr. Harry Meisel,
Director-General,
Chief of Division of the Federal Institute
  for Labour, Nueremberg

Ghana/Гана

Dr. E. Ampene,
Acting Director, Institute of Adult Education,
University of Ghana
(Head of Delegation)

Mr. K. M. Atiemo,
Principal, Community Development Officer

Mr. E. A. Haizel,
Senior Lecturer, Institute of Adult Education,
University of Ghana

Grèce/Greece/Grecia/Греция

H. E. Mr. Themistocles Chrysanthopoulos
Ambassador of Greece in Japan
(Head of Delegation)

Mr. Dimitri Tsalis,
Consul-General of Greece, Kobe

Guatemala/Гватемала

Sr. Edgar Arturo López Calvo,
Encargado de Negocios a. i. de Guatemala
  en el Japón

Honduras/Гондурас

Sr. Edgar Arturo López Calvo,
Encargado de Negocios a. i. de Guatemala
  en el Japón

Hongrie/Hungary/Hungría/Венгрия

M. Lajos Sárdi,
Directeur de Département au Ministère
  de l'Education
(Chef de la Délégation)

M. Tibor Baranyai,
Chef de Département au Conseil national
  des Syndicats

M. Tibor Vörös,
Fonctionnaire au Conseil national
  des Syndicats

M. Sándor Mátyus,
Attaché culturel à l'Ambassade de Hongrie
  à Tokyo

Inde/India/Индия

Dr. Nazir Ahmad Ansari,
Deputy Director,
Directorate of Adult Education,
Ministry of Education and Social Welfare

Indonésie/Indonesia/Индонезия

Mr. Soenarjono Danuwidjojo,
Director of Community Education

Iran/Irán/Иран

S. Exc. M. Nasser Movafaghian,
Vice-Ministre de l'Education nationale
(Chef de la Délégation)

M. Kambiz Mahmoudi,
Directeur général adjoint de l'Organisation
de la Radio-Télévision nationale iranienne

M. Abdol-Rahim Ahmadi,
Directeur adjoint de l'Institut de Recherche
et de Planification pour la Science
et l'Education

M. Ali-Réza Mirhashemí,
Secrétaire général par intérim du Comité
national d'Alphabétisation

M. Ezatollah Naderi,
Directeur général adjoint du Centre
d'Alphabétisation des Ouvriers
au Ministère du Travail

Irak/Iraq/Ирак

H. E. Mr. Adil Zaidan,
Under-Secretary of the Ministry of
Education,
(Head of Delegation)

Mr. Aif Habib,
Baghdad University

Mr. Abbas Sayid Ali,
Ministry of Education

Israël/Israel/Израиль

Dr. Yehezkel Cohen,
Chairman, Adult Education Association
of Israel,
Member, Advisory Council to Ministry
of Education and Culture on Adult Education
(Head of Delegation)

Mr. Kalman Yaron,
Director, Adult Education Centre,
Hebrew University, Jerusalem,
Member, Advisory Council to Ministry
of Education and Culture on Adult Education

Mr. Meir Gavish,
Counsellor, Embassy of Israel to Japan

Miss Shulamit Katznelson,
Director, Ulpan Akiva,
Member, Advisory Council to Ministry
of Education and Culture on Adult Education

Italie/Italy/Italia/Италия

Professeur Saverio Avveduto,
Directeur général de l'Education populaire
(Chef de la Délégation)

Professeur Alberto Granese,
Chargé de Pédagogie à l'Université de Cagliari

Professeur Giuseppe Rossini,
Sous-Directeur central des Programmes
télévisés

Professeur Giuliana Limiti,
Chargée de pédagogie comparée à
l'Université de Rome

Côte-d'Ivoire/Ivory Coast
Costa de Marfil/Берег Слоновой Кости

S. Exc. M. Pierre Coffinelson,
Ambassadeur de Côte d'Ivoire au Japon
(Chef de la Délégation)

M. Siriki Traore,
Inspecteur de la Jeunesse et des Sports
à Abengourou

Jamaïque/Jamaica/Ямайка

Mrs. Clair C. Kean,
Principal Assistant Secretary,
Ministry of Youth and Community Development

Miss Grace Wright,
Education Officer,
Ministry of Education

Mr. Leroy C. Dowdy,
Director,
Social Development Commission

Japon/Japan/Japón/Япония

H. E. Mr. Osamu Inaba,
Ministry of Education
(Honorary Head of Delegation)

H. E. Mr. Toru Haguiwara,
Adviser to the Minister for
Foreign Affairs
(Head of Delegation)

Mr. Umeo Kagei,
Director-General, United Nations Bureau,
Ministry of Foreign Affairs

Mr. Taketoshi Imamura,
Director-General,
Social Education Bureau,
Ministry of Education

Mr. Kikuo Nishida,
Secretary-General,
Japanese National Commission for Unesco

Mr. Takeji Kato,
Director-General, Social Bureau,
Ministry of Health and Welfare

Mr. Yoshihide Uchimura,
Director-General,
Agricultural Administration Bureau,
Ministry of Agriculture and Forestry

Mr. Hideaki Yamashita,
Director-General,
Enterprise Bureau,
Ministry of International Trade and Industry

Mr. Masao Endo,
Director-General,
Vocational Training Bureau,
Ministry of Labour

Mr. Masaki Seo, Head,
Specialized Agencies Division,
United Nations Bureau,
Ministry of Foreign Affairs

Mr. Itsuo Saito,
Chief Social Education Supervisor,
Social Education Bureau,
Ministry of Education

Mr. Toru Sawada, Head,
Social Education Division,
Social Education Bureau,
Ministry of Education

Mr. Mamoru Tsunajima, Head,
International Affairs Division,
Minister's Secretariat,
Ministry of Health and Welfare

Mr. Eiji Yamagiwa, Head,
Extension and Education Division,
Agricultural Administration Bureau,
Ministry of Agriculture and Forestry

Mr. Koji Kodama, Head,
Second Enterprise Division,
Enterprise Bureau,
Ministry of International Trade and Industry

Mr. Tatsu Hashizume, Head,
Policy and Planning Division,
Vocational Training Bureau,
Ministry of Labour

Mr. Kunio Yoshizato,
Deputy Director-General,
Youth Bureau, Prime Minister's Secretariat

Mr. Kiyohisa Mikanagi,
Director-General,
Economic Co-operation Bureau,
Ministry of Foreign Affairs

Mr. Takaaki Kagawa,
Director-General,
Cultural Affairs Department,
Ministry of Foreign Affairs

Mr. Eitaro Iwama,
Director-General,
Elementary and Secondary Education Bureau,
Ministry of Education

Mr. Hiroshi Kida,
Director-General,
Higher Education and Science Bureau,
Ministry of Education

Mr. Keizo Shibuya,
Director-General,
Physical Education Bureau,
Ministry of Education

Mr. Hisashi Yasujima,
Administrative Bureau,
Ministry of Education

Mr. Shigeyuki Shimizu,
Deputy Commissioner,
Agency for Cultural Affairs

Mr. Isao Amagi,
Chief Director,
Japan Scholarship Foundation

Mr. Kin-ichi Komada,
President,
Japan Society for the Study of Social
  Education

Mr. Masunori Hiratsuka,
Vice-President,
Social Education Council,
Ministry of Education

Mr. Yoshio Hori,
Director, Educational Programme
  Development,
Japan Broadcasting Corporation (NHK)

Mr. Ryoichi Yokoyama,
Vice-President,
National Association of Commercial
  Broadcasters in Japan

Mr. Susumu Ejiri,
Secretary-General,
Japan Newspaper Publishers and Editors
  Association

Mr. Sunaho Onuma,
Chairman, Board of Directors,
National Federation of Miscellaneous Schools

Mr. Ken-ichiro Komai, President,
Japan Industrial and Vocational Training
  Association

Mr. Keiichi Tatsuke,
Chairman, Board of Directors,
Overseas Technical Co-operation Agency

Mr. Miyuki Hinata,
Director,
National Council of Superintendents of
  Prefectural Board of Education

Mr. Shigenori Adachihara,
Chairman, National Council of Heads of
  Social Education Divisions,
Prefectural Boards of Education

Mr. Kazuma Tamaru,
President,
National Federation of Citizens' Public Halls

Mr. Tatsuo Morito,
President,
Japan Library Association

Mr. Shigeru Fukuda,
Vice-President,
Japanese Association of Museums

Mr. Yoshiji Akimoto,
President,
All Japan Parent-Teacher Association

Mr. Jiro Arimitsu, Representative,
National Association of Social Education
 Organizations

Mr. Shigenori Kameoka,
Chairman,
National Council of Youth Organizations
 in Japan

Mr. Yoshikazu Hirose,
President,
National Federation of Co-operative
 Vocational Training Associations

Mr. Tadashi Saito,
Chairman, Board of Directors,
National Theatre

Jordanie/Jordan/Jordania/Иордания

Dr. Said Tell,
Professor of Education,
University of Jordan

Kenya/Kenia/Кения

The Hon. Lucas Ngureti,
Assistant Minister for Co-operatives
 and Social Services
(Head of Delegation)

Mr. Yuda Komora,
Director of Education,
Member of the Kenya National Commission
 for Unesco,
Member of the Board of Adult Education

Mr. Samuel Kihumba,
Executive Secretary, Board of Adult Education,
Member of the Kenya National Commission
 for Unesco

République khmère/Khmer Republic
República Khmer/Кхмерская Республика

M. Kong Orn,
Directeur du Cabinet du Ministère du
 Développement communautaire
(Chef de la Délégation)

M. Son Doan Chuong,
Attaché culturel à l'Ambassade de la
 République khmère à Tokyo

République de Corée/Republic of Korea
República de Corea/Корейская Республика

Mr. Myong Won Suhr,
Dean, College of Education,
Seoul National University
(Head of Delegation)

Mr. Sung Yul Yoo,
Education Attaché,
Korean Embassy in Tokyo

Mr. Ki Hyoung Oh,
Professor of Education,
Yunsei University, Seoul

Koweït/Kuwait/Kuweit/Кувейт

Mr. Mohammed Abdulla Al-Sane,
Under-Secretary for Technical Affairs,
Ministry of Education

Mr. Sulaiman A. Al-Rashdan,
Third Secretary, Embassy of Kuwait, Tokyo

Laos/Лаос

M. Bounthong,
Directeur de l'Enseignement primaire et de
 l'éducation des adultes
(Chef de la Délégation)

M. Boun Oum Sisaveui,
Chief of Social Planning Division,
Ministry of Plan and Co-operation

République arabe libyenne/Libyan Arab Republic
República Arabe Libia
Арабская Ливийская Республика

M. Salem Shweihdi,
Sous-Secrétaire au Ministère de l'Education
Secrétaire général de la Commission
 nationale de l'Unesco
(Chef de la Délégation)

M. Abdul-Hamid Zoubi,
Secrétaire général adjoint de la Commission
 nationale de l'Unesco

M. Mohammed Taher Siala,
Directeur du Département de l'Orientation
 financière et administrative au Ministère
 de l'Education

M. El Taher Shellid,
Directeur du Département de l'Alphabétisation
 et de l'Education des Adultes

Madagascar/Мадагаскар

M. Andrianampy Ramamolimihaso,
Chargé d'Affaires de l'Ambassade
 de Madagascar à Tokyo
(Head of Delegation)

Mrs. Lucile Ramamolimihaso,
Conseillère à l'Ambassade de
 Madagascar à Tokyo

Malawi/Малави

Mr. R. L. G. Manda,
Senior Community Development Officer
(Head of Delegation)

Mr. S. Butao,
Lecturer in Community Development

Mexique/Mexico/México/Мексика

Professor Angel J. Hermida Ruiz,
Director General de Educación Fundamental

Maroc/Morocco/Marruecos/Марокко

S. Exc. M. Younes Nekrouf,
Ambassadeur du Maroc à la Nouvelle-Delhi

Pays-Bas/Netherlands
Países Bajos/Нидерланды

M. L. B. van Ommen,
Directeur des Affaires de la Jeunesse,
 de l'Education des Adultes et des Sports
 au Ministère de la Culture
(Chef de la Délégation)

M. R. Hajer,
Directeur du Centre national de l'Education
 des Adultes,
Amersfoort

Nouvelle-Zélande/New Zealand
Nueva Zelandia/Новая Зеландия

Mr. W. L. Renwick,
Assistant Director-General of Education
(Head of Delegation)

Mr. D. Garrett,
Director, Department of University
 Extension,
Massey University

Nicaragua/Никарагуа

Excmo. Sr. Miguel d'Escoto Muñoz,
Embajador de Nicaragua en el Japón
(Jefe de la Delegación)

Hon. Lic. Francisco d'Escoto Brockmann,
Ministro Consejero de la Embajada de
 Nicaragua en el Japón

Nigeria/Нигерия

H. E. Alhaji Shettim Ali Monguno,
Federal Commissioner for Mines and
 Power, Lagos
(Head of the Delegation)

Dr. Magnus Adiele,
Commissioner for Education,
East-Central State, Enugu

Mr. Ahmed M. Joda,
Permanent Secretary, Federal Ministry
 of Education, Lagos

Mr. Folarin Coker,
Permanent Secretary,
Ministry of Education and Community
 Development, Lagos State, Lagos

Professor E. A. Tugbiyele,
President, National Council for Adult
 Education and Director, Continuing
 Education Centre,
University of Lagos

Alhaji A. Obayemi,
Principal Adult Education Officer,
North Central State, Kaduna

Mr. J. F. Olagbemi,
Secretary-General, Nigerian National
 Commission for Unesco,
Federal Ministry of Education, Lagos

Norvège/Norway/Noruega/Норвегия

Mme Ingelise Udjus,
Chef de Section à l'Université d'Oslo
(Chef de la Délégation)

M. Ivar Leveraas,
Premier Secrétaire auprès de
 l'Association d'Education des
 Travailleurs de la Confédération
 générale du Travail

M. Arne Okkenhaug,
Rédacteur en Chef à la Radio-Télévision
 norvégienne

M. Oeyvind Skard,
Directeur de la Confédération norvégienne
 des Employeurs

Mrs. Hallgjerd Brattset,
Principal, Folk University

Pakistan/Paquistán/Пакистан

H. E. Mr. S. M. Hussein,
Ambassador of Pakistan to Japan

Pérou/Peru/Perú/Перу

Señor Doctor Leopoldo Chiappo Galli,
Miembro del Consejo Superior de Educación
(Jefe de la Delegación)

Señor Doctor Cesar Picón-Espinoza,
Director General de Educación Escolar
 y Laboral

Philippines/Filipinas/Филиппины

Mr. Artemio C. Vizconde,
Assistant to the Director of Public Schools
(Head of Delegation)

Mr. Julian Yballe,
Director of the Bureau of Private Schools

Father Michael Hiegel,
Representative of the National Secretariat
 of Social Action

Mrs. Concepción M. Mangona,
Chief Supervisor,
Adult and Community Education Services,
Division of City Schools, Manila

Mr. Iluminado Rivas,
Adult Educator

Mrs. Rosalina Valino

Pologne/Poland/Polonia/Польша

Professeur Czeslaw Kupisiewicz,
Université de Varsovie
(Chef de la Délégation)

Professeur Ryszard Wroczyński,
Directeur de l'Institut de Pédagogie de
 l'Université de Varsovie

M. Stanislaw Suchy,
Directeur adjoint de la Division
 de l'Education, de la Culture et de la Presse,
 Conseil des Syndicats polonais

Qatar/Катар

Mr. Kamal Nagi,
Director-General of the Ministry of Education

Arabie saoudite/Saudi Arabia
Arabia Saudita/Саудовская Аравия

H. H. Prince Khaled ben Fahad ben Khaled,
Deputy Minister of Education
(Head of Delegation)

Mr. Saad Al-Hossayen,
Technical Adviser, Ministry of Education

Mr. Hamoud Al-Mussallam,
Director of Adult Education

Mr. Abdulaziz Al-Jammaz,
Assistant for Technical Affairs,
Ministry of Education

Sénégal/Senegal/Сенегал

M. Lamine Diack,
Secrétaire d'Etat auprès du Premier Ministre
 chargé de la Jeunesse et des Sports
(Chef de la Délégation)

M. Amadou Lamine Bâ,
Directeur de l'Education physique
 et des sports

Singapour/Singapore/Singapur/Сингапур

Mr. J. F. Conceicao,
Director, Department of Extra-Mural Studies
(Head of Delegation)

Mr. Chan Kok Kean,
Deputy Director, Adult Education Board

Espagne/Spain/España/Испания

Sr. Javier Manso de Zúñiga,
Secretario de la Embajada de España en Tokio

Sri Lanka/Шриланка

Mr. K. H. M. Sumathipala,
Additional Secretary, Ministry of Education

Suède/Sweden/Suecia/Швеция

H. E. Mr. Sven Moberg,
Minister-without-portfolio in charge of
 Higher Education and Research
(Head of Delegation)

Mr. Lars-Olof Edström,
Head of Division,
Swedish International Development Authority

Mr. Stig Lundgren,
President of the National Popular Education
 Association,
Member of the Swedish National Commission
 for Unesco

Mr. Jonas Orring,
Director-General, Swedish National
 Board of Education

Mr. Henry Persson,
Secretary, Swedish Confederation of
 Trade Unions

Mr. Lars Ag,
Manager, the TRU-Committee on Radio
 and Television in Education

Mr. Tore Karlson,
Head of Educational Division,
Swedish Confederation of Trade Unions

Mr. Folke Haldén,
Head of Educational Division,
Swedish Employers' Confederation

Mr. Einar I. Karlsson,
Head of Educational Division,
Swedish Metal Workers' Federation

Mr. Gustaf Birger Öhman,
Director, Joint Industrial Training Council

Mr. Hans Almryd,
Head of Information Division,
Swedish Industrial Salaried Employees'
 Association

Mr. Evert Brandgård,
Head of Educational Division,
Swedish Industrial Salaried Employees'
 Association

Suisse/Switzerland/Suiza/Швейцария

M. Hans Amberg,
Secrétaire de la Fédération suisse pour
 l'Education des Adultes
(Chef de la Délégation)

M. Pierre Furter,
Professeur à l'Université de Neuchâtel

Mlle Claudine Buttet,
Secrétaire d'Ambassade,
Ambassade de Suisse au Japon

M. Jean-Jacques Rollard,
Attaché scientifique,
Ambassade de Suisse au Japon

République-Unie de Tanzanie
United Republic of Tanzania
República Unida de Tanzania
Объединенная Республика Танзания

Mr. E. B. Kibira,
Assistant Director of National Education
 (Adult Education)
(Head of Delegation)

Mr. C. P. Kabyemela,
Counsellor,
Embassy of the United Republic of Tanzania
 in Japan

Mr. Paul Mhaiki,
Director, Institute of Adult Education

Thaïlande/Thailand/Tailandia/Таиланд

Mr. Sman Sangmahli,
Chief, Supervisory Unit,
Department of Elementary and Adult
 Education,
Ministry of Education
(Head of Delegation)

Dr. Kowit Vorapipatana,
Chief, Adult Education Division,
Department of Elementary and Adult
 Education,
Ministry of Education

Mrs. Vanli Prasarttongosoth,
Supervisor, Supervisory Unit,
Department of Elementary and Adult
 Education,
Ministry of Education

Trinité et Tobago/ Trinidad and Tobago
Trinidad y Tabago/ Тринидад и Тобаго

Mr. John F. Romano,
Education Extension Officer II
Ministry of Education and Culture

Turquie/Turkey/Turquía/Турция

M. Selçuk Tarlan,
Conseiller à l'Ambassade de Turquie au Japon

117

Ouganda/Uganda/Уганда

Mr. Daniel Ngude Okunga,
Director, University Centre for
  Continuing Education,
Makerere University
(Head of Delegation)

Mr. Ivan Patrick Mulago Walwema,
Senior Community Development Officer

République socialiste soviétique d'Ukraine
Ukrainian Soviet Socialist Republic
República Socialista Soviética de Ucrania
Украинская Советская Социалистическая Республика

Mr. Anatoliy V. Korneytchuk,
Deputy Minister for Education
(Head of Delegation)

Mr. Eugeniy N. Bourlutsky,
Head of the Chair,
Kiev Institute of Foreign Languages

Union des républiques socialistes soviétiques
Union of Soviet Socialist Republics
Unión de Repúblicas Socialistas Soviéticas
Союз Советских Социалистических Республик

Professor Alexei Markouchevitch,
Vice-Président de l'Académie des Sciences
  pédagogiques de l'URSS
(Chef de la Délégation)

S. Exc. M. Said Chermoukhamedov,
Ministre de l'Education de la RSS
  Uzbekistan

Mr. Stepan Khomenko,
Inspecteur au Ministère de l'Education
  de l'URSS

Emirats arabes unis/United Arab Emirates
Emiratos Arabes Unidos
Объединенные арабские эмираты

Mr. Obaid Saif Al-Hajrj,
Director of Visual Aids,
(Head of Delegation)

Mr. Salim Humaid Al-Ghamay,
Director of Technical Education

Royaume-Uni de Grande-Bretagne et d'Irlande du Nord
United Kingdom of Great Britain and Northern Ireland
Reino Unido de Gran Bretaña e Irlanda del Norte
Соединенное Королевство Великобритании и Северной Ирландии

Mr. C.W. Rowland,
Staff Inspector, Department of
  Education and Science
(Head of Delegation)

Professor K.J.W. Alexander,
Strathclyde University

Mr. Russell Prosser,
Adviser on Social Development,
Overseas Development Administration

Mr. A.K. Stock,
Secretary/Director,
National Institute of Adult Education

Professor H.C. Wiltshire,
Department of Adult Education,
University of Nottingham

Mr. T.C. Lai,
Director of Extra-Mural Studies,
Chinese University of Hong Kong

Etats-Unis d'Amérique/United States of America
Estados Unidos de América
Соединенные Штаты Америки

Dr. Robert M. Worthington,
Associate Commissioner of Education,
Bureau of Adult, Vocational and Technical
  Education,
Office of Education,
Department of Health, Education and Welfare
(Head of Delegation)

Dr. Noel P. Ralston,
Associate Director, Science and Education,
Department of Agriculture

Mr. Paul V. Delker,
Director, Division of Adult Education,
Bureau of Adult, Vocational and
  Technical Education,
Office of Education, Department of Health,
  Education and Welfare

Mr. Ray J. Ast, Jr.,
Administrator, Adult Continuing Education
  Services and Projects,
Montclair State College, Upper Montclair,
New Jersey.

Dr. Alexander N. Charters,
Vice-President for Continuing Education,
Syracuse University, New York

Miss Mary Grefe,
Public Member,
Des Moines, Iowa

Dr. Leonard Hill,
Administrative Director,
Adult Basic Education,
Nebraska Department of Education

Dr. Pardee Lowe,
Consultant on International Education,
Directorate for Unesco Affairs,
Bureau of International Organization
 Affairs,
Department of State

Dr. Wilson C. Riles
Superintendent of Public Instruction,
State Department of Education,
Sacramento, California

Miss Barbara Stuhler,
Vice-Chairman, United States National
 Commission for Unesco

Dr. William M. Williams,
Chief Education Adviser,
Agency for International Development,
American Embassy, Seoul, Korea

Uruguay/Уругвай

Sr. Raúl Benavides,
Encargado de Negocios a. i. de la
 Embajada de Uruguay en Tokio

Venezuela/Венесуэла

Profesor José Santos Urriola,
Jefe de la División de Educación de Adultos
 del Ministerio de Educación
(Jefe de la Delegación)

Profesor César E. Navarro Torres,
Jefe del Departamento de Estudios con
 Recursos Institucionales Combinados
 de la División de Educación de Adultos del
 Ministerio de Educación

Profesor Hugo Gil Colmenares,
Director del Centro Regional de Educación
 de Adultos (División de Educación de Adultos,
 Ministerio de Educación)

Profesora Marbelia C. de Del Valle,
Jefe de la Sección de Educación Media de
 la División de Educación Adultos del
 Ministerio de Educación

Profesor Edmundo Camero Boyer,
Coordinador del Programa de Alfabetización y
 Extensión Cultural del Instituto Nacional
 de Cooperación Educativa

Dr. Felix Adam,
Decano de la Facultad de Humanidades y
 Educación de la Universidad Central
 de Venezuela

Dr. Héctor Font Viale-Rigo,
Gerente de la División de Desarrollo
 Humano de la Corporación Venezolana
 de Guyana

République du Viêt-nam/ Republic of Viet-Nam
República del Vietnam/Республика Вьетнам

M. Nguyen Huu Chinh,
Assistant spécial du Ministre de l'Education
(Chef de la Délégation)

M. Tran Huu Vang,
Directeur des affaires pédagogiques et
 de l'éducation des adultes

Yougoslavie/Yugoslavia/Югославия

Mr. Dušan Litvinović,
Counsellor,
Embassy of the S.F.R. of Yugoslavia
 in Japan

République du Zaïre/Zaire Republic
República del Zaira/Республика Заир

S. Exc. le Général Léonard Mulamba,
Ambassadeur de la République du Zaïre
 à Tokyo

Zambie/Zambia/Замбия

Mr. F.M. Walinkonde,
Senior Education Officer in Charge of
 Adult Education,
Ministry of Education

Mr. Edward A. Ulzen,
Registrar,
University of Zambia

II. NON-MEMBER STATES (OBSERVERS)/ETATS NON MEMBRES (OBSERVATEURS)/
ESTADOS NO MIEMBROS (OBSERVADORES)/ГОСУДАРСТВА, НЕ ЯВЛЯЮЩИЕСЯ
ЧЛЕНАМИ ЮНЕСКО

Bangladesh/Бангладеш

Mr. Taher Uddin Thakur,
Member of the Bangladesh Constituent Assembly,
(Head of Delegation)

Dr. A. M. Sharafuddin,
Director, Bangladesh Education Extension
Centre, Dacca;
Member of the Education Commission of
Bangladesh,
Ministry of Education

Mr. Shahed Latif,
Deputy Secretary,
Ministry of Local Government and Rural
Development

Botswana/Ботсвана

Mr. David Crowley,
Head, Division of Extra-Mural Services,
University of Botswana,
Lesotho and Swaziland

Saint-Siège/Holy See/Santa Sede/Ватикан

R. P. Giuseppe Pittau, S. J.,
Recteur de la "Sophia University" de Tokyo,
(Chef de la délégation)

R. P. Dominique Tagawa, S. M.,
Supérieur provincial de la Société de Marie

Soeur Setsu Miyoshi, S. C. J.,
Présidente de l'Université du Sacré Coeur de Tokyo

M. Shin Clemens Anzai,
Professeur à la "Sophia University" de Tokyo

III. INTERNATIONAL ORGANIZATIONS/ORGANISATIONS INTERNATIONALES/
ORGANIZACIONES INTERNACIONALES/МЕЖДУНАРОДНЫЕ ОРГАНИЗАЦИИ

(i) Organizations of the United Nations system (Representatives)/Organisations du système des Nations Unies (Représentants)/Organizaciones del sistema de las Naciones Unidas (Representantes)/
Организации системы ООН

Food and Agriculture Organization of the United
Nations/Organisation des Nations Unies pour
l'alimentation et l'agriculture

Dr. L. Umali

Dr. J. Di Franco

International Bank for Reconstruction and
Development/Banque internationale pour la
reconstruction et le développement

Mr. D. Koulourianos

International Labour Organisation/Organisation
internationale du travail

Mr. Paul B. J. Chu

Mr. Kasuo Yanagawa

United Nations Development Programme/
Programme des Nations Unies pour le
développement

Mr. William L. Magistretti,
Representative of the United Nations Development
Programme in Japan

(ii) Intergovernmental organizations (Observers)/Organisations intergouvernementales (Observateurs)/
Organizaciones intergubernamentales (Observadores)/Межправительственные организации

Ibero-American Bureau of Education/
Bureau d'éducation ibéro-américain

Dr. Ricardo Collantes y Tomines

(iii) International non-governmental organizations in consultative relationship with Unesco (Observers) / Organisations internationales non gouvernementales en relation de consultation avec l'Unesco (Observateurs) / Organizaciones internacionales no gubernamentales que mantienen relaciones de consulta con la Unesco (Observadores) / Неправительственные международные организации, имеющие консультативный статус при ЮНЕСКО

African Adult Education Association/Association africaine pour l'éducation des adultes

Professor E. Akande Tugbiyele

Associated Country Women of the World/Union mondiale des femmes rurales

Miss Yu Mizunuma

Commission of the Churches on International Affairs/Commission des églises pour les affaires internationales

Miss Teruko Mizutani

International Alliance of Women/Alliance internationale des femmes

Mrs. Taeko Arai

International Association for Educational and Vocational Guidance/Association internationale d'orientation scolaire et professionnelle

Dr. G. Kihachi Fujimoto

International Association of Art/Association internationale des arts plastiques

Professor Yoshinobu Masuda

International Association of Universities/Association internationale des universités

Professor Takashi Mukaibo

International Confederation of Catholic Charities/Confédération internationale des charités catholiques

Miss Theresa Shak
Rev. Father Andrew Sugakazu Matsumura

International Confederation of Free Trade Unions/Confédération internationale des syndicats libres

Miss Ady Camusel
Mr. Eiichi Ochiai
Mr. Vijendra Kabra
Mr. Norihisa Arai
Mr. Yoshio Yamaguchi

International Congress of University Adult Education/Congrès international de l'enseignement universitaire des adultes

Professor R. Kidd
Mr. E.K. Townsend Coles

International Co-operative Alliance/Alliance coopérative internationale

Mr. Koji Fujisawa
Mr. Yoshihiro Okamoto

International Council of Social Democratic Women/Conseil international des femmes social-démocrates

Miss Yoko Chiba

International Council of Women/Conseil international des femmes

Dr. Sook Chong Lee
Mrs. Chung Soon Kim

International Council on Correspondence Education/Conseil international de l'enseignement par correspondance

Mr. T. Koretsune

International Federation of Library Associations/Fédération internationale des associations de bibliothécaires

Mr. Satoshi Saito

International Federation for Parent Education/Fédération internationale des écoles de parents et d'éducateurs

Professeur Hidewo Fujiwara

International Federation of University Women/Fédération internationale des femmes diplômées des universités

Mrs. Fumi Takano
Mrs. Yoko Miyazawa

International Film and Television Council/Conseil international du cinéma et de la télévision

Dr. Sumiko Miyajima

International Council of Music/Conseil international de la musique

Mr. Kikusu Kojima

International PEN/Fédération PEN

Professor Kenichi Nakaya

International Planned Parenthood Federation/Fédération internationale pour le planning familial

Professor Bom Mo Chung
Mr. T. Katagiri

International Theatre Institute/Institut international du théâtre

Mr. Yoshiro Haneda

International Union of Socialist Youth/Union internationale de la jeunesse socialiste

Miss Sachico Taguchi

International Union of Students/Union internationale des étudiants

Mr. Fathi El Fadl
Mr. Georgui Danilov

Pan-Pacific and South East Asian Women's Association

Dr. R. Yamasaki

Pax Romana - International Movement of Catholic Students/Mouvement international des étudiants catholiques
Pax Romana - International Catholic Movement for Intellectual and Cultural Affairs/Mouvement international des intellectuels catholiques

Mr. Iwae A. Saeki

United Towns Organization/Fédération mondiale des villes jumelées

M. Reikichi Kojima

Women's International Democratic Federation/Fédération démocratique internationale des femmes

Miss Katsuko Akutsu

Women's International League for Peace and Freedom/Ligue internationale de femmes pour la paix et la liberté

Mrs. Ayako Nishimura

World Alliance of Young Men's Christian Associations/Alliance universelle des unions chrétiennes de jeunes gens

Dr. Tariho Fukuda

World Assembly of Youth/Assemblée mondiale de la jeunesse

Mr. Shigenori Kameoka

World Confederation of Labour/Confédération mondiale du travail

Mr. R. Martin
Mr. Yuso Iida

World Confederation of Organizations of the Teaching Profession/Confédération mondiale des organisations de la profession enseignante

Mr. Miguel B. Gaffud

World Federation of Trade Unions/Fédération syndicale mondiale

Mr. M. Gastaud

World Student Christian Federation/Fédération universelle des associations chrétiennes d'étudiants

Mr. Moon Kyu Kang

World Union of Catholic Women's Organizations/Union mondiale des organisations féminines catholiques

Mrs. Yoshiko Tatsumi

World Young Women's Christian Association/Alliance mondiale des unions chrétiennes féminines

Mrs. Hyun Ja Kim Oh

IV. SECRETARIAT OF THE CONFERENCE/SECRETARIAT DE LA CONFERENCE/ SECRETARIA DE LA CONFERENCIA/СЕКРЕТАРИАТ КОНФЕРЕНЦИИ

Director-General of Unesco/Directeur général de l'Unesco

Mr. René Maheu

Director-General's Executive Office/Cabinet du Directeur général

Mr. Vasile Vlad
Mrs. Nadine Chauveau

Assistant Director-General for Education/Sous-Directeur général pour l'éducation

Mr. Amadou-Mahtar M'Bow

Assistant Director-General's Executive Office/ Cabinet du Sous-Directeur général

Mr. Takashi Moriyama

Secretary-General of the Conference and Secretary of the Plenary/Secrétaire général de la Conférence et Secrétaire de la Plénière

Mr. John Cairns,
Acting Director, Department of Out-of-School Education/Directeur p.i., Département de l'éducation extrascolaire

Deputy Secretary-General/Secrétaire général adjoint

Mr. Akihiro Chiba,
Department of School and Higher Education/ Département de l'Enseignement scolaire et supérieur

Commission I

Director-General's Representative/Représentant du Directeur-général

Mr. Amadou-Mahtar M'Bow
Assistant Director-General for Education/Sous-Directeur général pour l'éducation

Secretary of Commission I/Secrétaire de la Commission I

Mr. Hanuš Körner
Adult Education Division/Division de l'éducation des adultes

Commission II

Director-General's Representative/Représentant du Directeur-général

Mr. Gunnar Naesselund
Director, Department of Mass Communication/ Directeur, Département des Moyens de Communication

Secretary of Commission II/Secrétaire de la Commission II

Mr. Paul H. Bertelsen
Adult Education Division/Division de l'éducation des adultes

Technical Advisers/Conseillers techniques

Mr. Bashir Bakri
Director, Unesco Regional Centre for Functional Literacy in the Rural Areas for the Arab States (ASFEC)/Directeur, Centre régional de l'Unesco d'Alphabétisation fonctionnelle en milieu rural pour les Etats arabes (ASFEC)

Mr. E. Anthony Fisher
Bureau of Statistics/Office des Statistiques

Mrs. Anna Lorenzetto
Director, Literacy Division/Directeur, Division de l'alphabétisation

Mr. Emmanuel Pouchpa Dass
Director, Division of Cultural Development/ Directeur, Division du développement culturel

Mr. Raja Roy Singh
Director, Unesco Regional Office for Education in Asia/Directeur, Bureau Régional d'éducation de l'Unesco pour l'Asie

Mr. Razanajohary
Unesco Regional Office for Education in Africa/ Bureau régional de l'Unesco pour l'éducation en Afrique

Mr. Miguel Soler Roca
Unesco Regional Office for Education in Latin America and the Caribbean/Bureau régional d'éducation de l'Unesco pour l'Amérique latine et les Caraïbes

Consultant

Dr. John Lowe,
University of Edinburgh

Conference Services/Services techniques de la Conférence

Conference Officer/Administrateur de la Conférence

Mr. J. Peter Urlik

assisted by/assisté de

Miss Cynthia Horn

Interpretation Service/Service d'interprétation

Mr. Alexandre Blokh

Translation and reproduction of documents/Traduction et reproduction des documents

Head of team/Chef d'équipe

Mr. Youri Krivtsov

Documents Control and Reproduction/Contrôle et Reproduction des Documents

Mr. Jacques Péan

Mr. Jacques Celiset

Public Information/Information du public

Mr. Richard Greenough

V. JAPANESE GOVERNMENT LIAISON SERVICE/SERVICES DE LIAISON DU GOUVERNEMENT JAPONAIS/SERVICIOS DE ENLACE CON EL GOBIERNO JAPONES/СЛУЖБА СВЯЗИ ЯПОНСКОГО ПРАВИТЕЛЬСТВА

Japanese Government Liaison Officer

Mr. Keitaro Hironaga

Deputy Liaison Officer

Mr. Kichimasa Soda